マルチン=ルター

ルター

● 人と思想

小牧 治
泉谷周三郎
共著

9

CenturyBooks 清水書院

ルターについて

ルターとの出会い

キリスト教の神や、イエスや、ルターの名が、きびしくわたしに迫ってきたのは、教師として教壇に立ってからであった。卒業して、わたしは、女子の学校につとめることになった。そこで、わたしの研究の中心であったカント哲学を話した。それとの関連で、快楽説・禁欲説を話した。キリスト教倫理にもふれないわけにはいかなかった。が、聴講の女子学生には、クリスチャンが比較的多かった。わたしは、そんなことはつゆしらず、しゃべっていた。あとで、真剣に質問にくる人には、キリストを信仰する人、とくに、これから問題にするプロテスタンティズム（福音主義）の人が多かったようである。

忘れもしないが、早春、河口湖畔へ旅をしたときだった。わたしは、ホテルのわたしの部屋で、夜遅くまで、神の存在や信仰のことについて、真剣そのものの質問を受けた。さらに翌朝、まだうす暗いころ散歩に誘われた。わたしたちは、湖畔を、神やキリストや信仰のことについて、そしてそれと哲学との関係について語り合いながら、散策したのだった。わたしはいたく恥じた。質問にこたえることができなかった。こうしてわたしは、キリスト教の神や、イエスや、福音主義や、そしてルターに、対決せざるをえなくなったのである。よし、それらに対してどういう姿勢をとるにせよ。

ルターとカント

わたしの研究歴のなかで、いちばん長いのは、カント哲学、とくにその道徳論に関する研究であるといえよう。しかしカント哲学は、むずかしい。カントの講義を聞いた学生たち（一八世紀、東プロイセンのケーニヒスベルク大学にて）にも難解であったらしい。まして、日本人であるわたしにとって難解なのは、無理のないことであろう。しかしカントは、じぶんの道徳論が、ごくふつうの人の道徳観を形式化・哲学化したにすぎない、という。そして、カントが接した一般人とは、敬虔《けいけん》なピエティスムス（敬虔主義）の信者たちであった。わけてもカントの両親は、信仰の深いピエティストであり、カントは、この父母から大きな感化を受けた。当時、この地方（東プロイセン）に浸透し、人びとの生活や考えかたや道徳を左右していたこのピエティスムスは、これから問題にするルター派の一派で、とりわけ、敬虔な内面の信仰を尊しとするものであった。

わたしは、さきの女子学生との対話のため、また、カントという人間が、さらにかれの哲学が形成されてきた源泉をみるためにも、ルターへもどっていかなくてはならなかった。「カント以前の哲学はカントへ流れこみ、カント以後の哲学はカントから流れでた」といわれるなら、ルターは、そのような哲学、わけてもドイツ的な哲学ないし思想の源泉であり、原点であるともいえよう。しかも、大事なことは、高い哲学、高い思想の源泉であるばかりではなく、キリスト教（わけてもルターの福音主義）の信仰に生きる西欧人ないしドイツ人の精神的源泉であるといえよう。そして、一般民衆の考え方が、日日の生活と密着しているとするなら、ルター主義(プロテスタンティズム＝新教＝福音主義)は、かれらの全生活のよりどころであり、ふるさとであるともいえよう。もちろん、「源泉」とか「ふるさと」といっても、かれらがこの源泉ないしふるさとをどのように評価しているかは、また別の問題であろうが。

農民の子 ルターの回心

ルターは、じぶんが「農民の子」であり、「鉱夫の子」であることを、たえず口にした(鉱夫といってもルターの父は、粗銅を製造する中産者であったが)。そのルターは、父の期待を受けてエルフルト大学に入学し、修士《マギステル》の学位を受けた。が、ある日(一五〇五年七月二日、二二歳のとき)路上ではげしい落雷にあい、死の危険におののいた。かれは神に向かって、神の栄光のため全生涯をささげることを誓った。そして、父の反対にもかかわらず、修道士となるため修道院にはいったのである。

死の問題を契機として修道院にはいったルターは、その後、純粋な宗教生活とは何であるかをもとめて、反省し苦悩した。そして、自己の死の恐怖から救われるため神を追求しようとしたことに、自己愛の不純さ、罪を認めないわけにはいかなかった。かれは、罪深い人間を救うものは、神のみであって、人間のわざ(善行)によるものではないことを告白しないわけにはいかなかった。そのことは、神の言葉《ことば》(福音)を、聖書を、ただいちずに信じる「信仰のみ」という、宗教的体験(回心)を意味する。純粋な、ただいちずの信仰、それこそが、かれによれば、純粋なキリスト者の生活であった。また、そのような意味において、キリスト者は、すべて、神の前で平等であったのである。

ルターのこのような回心は、そのころのローマ教会やその支配下の社会情勢と、衝突しないわけにはいかなかった。精神の国にかかわるべき教会は、世俗的な富や支配や地位にかかわりをもち、それを欲した。世俗的領主と同じように土地を所有し、人民から賦役や貢租を要求した。ことに、いわゆる「贖宥券《しょくゆうけん》」の売却(「この券を買うものには、罪の償いが免除される」との説教のもとにこの券を売却し、カネを集めること)が許された。聖書のコトバによっても許されないはずの高利貸しや大商人がはばをきかし、ローマ教会はそれと関係していた……。

ルターの回心に基づく、いわば神学上の提案は、こうして、いやでもローマ教会や、それと結びついている世俗領主や、高利貸し・商人などの腐敗堕落につきあたらねばならなかった。そしてそれは、他面、教会や領主や高利貸しや大商人の搾取《さくしゅ》や圧迫に苦悩し、それを憤《いきどお》り、いまやそれに反抗しつつあった農民たちには、蜂起《ほうき》のための大きな「のろし」となった。こうして、ルターの宗教改革的問題提起(福音主義=新教=プロテスタンティズムの提案)は、宗教的な嵐をまき起こしたのみでなく、社会的動乱のなかへまきこまれていったし、いかないわけにはいかなかった。かつての農民の子は、いまや、農民の導きの星とならざるをえなかったのである。こうしてルターは、いろいろな宗教的・政治的トラブルにかかわらねばならなかったし、あの、一五二五年の「ドイツ大農民戦争」に関係しなくてはならなかった。

「信仰のみ」の悲劇と安らぎ

「信仰のみ」という福音主義の提案は、従来のローマ教会(いわゆるカトリック)と衝突しなくてはならなかった。そしてカトリックが、世俗の封建的領主層とも密接に結びついているがゆえに、ルター主義は、まさに、当時の強大な権力体制と対決しなくてはならなかった。当然のことなから、かれは破門され、帝国追放の刑の宣告を受けねばならなかった。それどころか、しばしば火あぶりの刑をさえ覚悟しなくてはならなかった。

それにもかかわらず、ルターは、断固としてみずからの主張をゆずらず、いちずに福音の信仰のなかに生きぬいた。ローマ教皇およびそれと一体である神聖ローマ皇帝という巨大な権力に対決して、屈しなかった。

が、ルターは、火あぶりの刑にならなかったのみか、実際には、国外追放さえされなかったのである。正しい信仰に基づいて時弊を矯《た》めようとしたルターの毅《き》然《ぜん》たる態度が、強大な権力をさえたじろがせたともいえよう。しかし、また、ルターの背後にあった民衆や農民の力、ルターを助けた諸侯や友人の好意が、忘れられてはならないであろう。

ただ、農民の子であり、鉱夫の子であったルター、そしていまや農民の導きの星でさえあったルターは、大農民戦争にさいし、農民と対立し、農民弾圧を唱え、農民から「裏切者」とよばれねばならないこととなった。ルターは、「信仰のみ」の福音主義が、農民の動乱によって危うくなることをみてとったのである。みずからの主義からして、かつてかれは農民の味方となり、指導者となり、そしていま、同じ主義から、農民に敵対しなくてはならなかった。まさに悲劇といえよう。

福音主義は、人は神の前ではすべて平等で、神に仕える聖職者と一般人との区別がないことを主張した。したがってまた現実生活(社会生活や家庭生活)のなかに、キリスト者としての意義をみた。ルターは、農民たちが敗北し、弾圧され、殺されていった年、カタリナと結婚した。カタリナは、かれが修道院から解放した女性である。家庭生活は、悲劇の宗教改革者にとって、せめてもの安らぎであり、喜びであったであろう。

生きつづける精神

ルター主義は、ローマ教会に警鐘を与えた。そもそもキリスト教信仰は、万人のものであり、民衆のものである。それゆえにルターの訴えは、当時（一六世紀）の、社会や領主に不満をもつ大衆の心を動かし、宗教改革の運動となっていった。こうしてキリスト教は、従来のローマ教会によるもの（いわゆるカトリックないし旧教）に対し、福音主義（いわゆるプロテスタンティズムないし新教）とよばれるものを生みだし、こんにちの新旧両派への二分をもたらすこととなった。ルターは、このような信仰状況の起点をなしたといえよう。かれは、カトリックの人たちにとっては、きびしい警鐘として、プロテスタントの人たちには、真の福音の復活者として、生きつづけるであろう。

ルターが、内面的な個々人の信仰を強調することによって、それは、近代人の主観主義・個人主義の源泉ないし培養基となったといえよう。ある人（マックス＝ウェーバー）は、一八世紀の、「理性」を原理とする啓蒙主義が、異質なものにささえみえるプロテスタンティズムの「朗らかな後継者」であるという。わたしは、理性・善意志・自律・自由・客観的普遍・人格尊重……などをかかげるカント哲学の神髄にふれればふれるほど、ルター的な信仰様式が顔をだしてくるのに驚くのである。ルターが、内面的な人間の信仰を、神の前での平等を、さらに現実生活の肯定をうちだすことによって、それは、また、近代の人間主義・市民主義にもつながっていった。

現実生活（社会生活・家庭生活）の肯定は、また、現実の職業生活に価値を認めることとなる。ルターは、世俗的職業に励むことのなかに、神のお召し（聖召）をみた。マックス＝ウェーバーは、世俗の職業生活に対するこのような聖召的・道徳的解釈こそ、ルターが後代の近代資本主義社会にのこした業績のうち、最大なものの一つだと評価する。

なお、忘れてならないことは、ルターが、新約聖書をはじめてドイツ語に訳したということである。これによって、ルターは、聖書を一般大衆のものとし、聖書にもとづく信仰を普遍化した。それのみではない。このドイツ訳は、近代のドイツ語やドイツ文学の基礎ともなったのである。ルターによってはじめて、ドイツ民族は、独自の思想と感情とを表現するにふさわしい言葉を与えられた、とさえいわれる。

とまれ、ルターは、いろいろな面ないし意味において、近代の源泉であり、原点に立つといえるであろう。近代の批判や、その超克《ちょうこく》がうんぬんされるなら、それはまた同時に、ルター主義へも向けられるであろう。しかし、信仰を通して民衆のなかへ深く強くはいりこんだルターの精神は、民衆とともに現に生きており、そしてこれからも生きつづけるであろう。

ただ、ローマ教会に対し、神学上・信仰上の警鐘を与えようとしたルター主義は、キリスト教信仰を大きく二分し、こんにちまで、いくたのなげかわしい宗教的対立を生みだし、流血のトラブルをさえ招かねばならなかった。わたしたちは、その悲劇を、今夏の北アイルランドの騒動においてもみるであろう。

西欧思想の研究にたずさわるわたしは、数年前、西欧をおとずれ、西欧人の生活のなかへはいった。わずか一年余の滞在ではあったが、なによりも印象づけられたことは、かれらの生活のなかに、どんなに深く強くキリスト教が浸透しているか、ということであった。キリスト教は、もう本能のようにさえなっている。家庭生活、社会生活、教育、芸術、文学、思想……が、政治生活や国家生活でさえもが、大なり小なりキリスト教的であるといえよう。そして、キリスト教的であるということが、具体的には、カトリック的であるか、福音主義的であるかという対立・区別をふくんでいるのである。わたしはそのことにも、驚かないわけにはいかなかった。たがいに相より相まってこそ、ほんとうの信仰や人間が生まれてくるともいえるのではなかろうか……。わたしは、そんなことを感じながら西欧から帰ってきた。

帰国してからこんにちまで数年間、学園紛争をはじめとして、あれこれの政治問題や社会問題の激動のなかで、もがかなくてはならなかった。ルターは、こんにち以上に激しい動乱のなかに生きぬいたといえよう。きわめて強い個性をもったルターの人間像と思想についてのこの小著が、こんにちの読者のかたがたになんらかお役に立てば、と願っている。まことにつたない著であることを恥じ、わびつつ。

なお、本書は、まえがきとⅠ（ルターの住んだとき・ところ）を小牧　治が、Ⅱ（マルチン＝ルターの生涯）・Ⅲ（ルターの思想）・あとがきを泉谷周三郎が執筆した。また、この本の性質上、いちいち付記できなかったが、巻末の参考文献をいろいろ参照した。ここで、おわびとお礼を申し上げる。

昭和四四年九月

小　牧　　治

目次

Ⅰ　ルターの住んだとき・ところ

Ⅱ　マルチン＝ルターの生涯

Ⅲ　ルターの思想

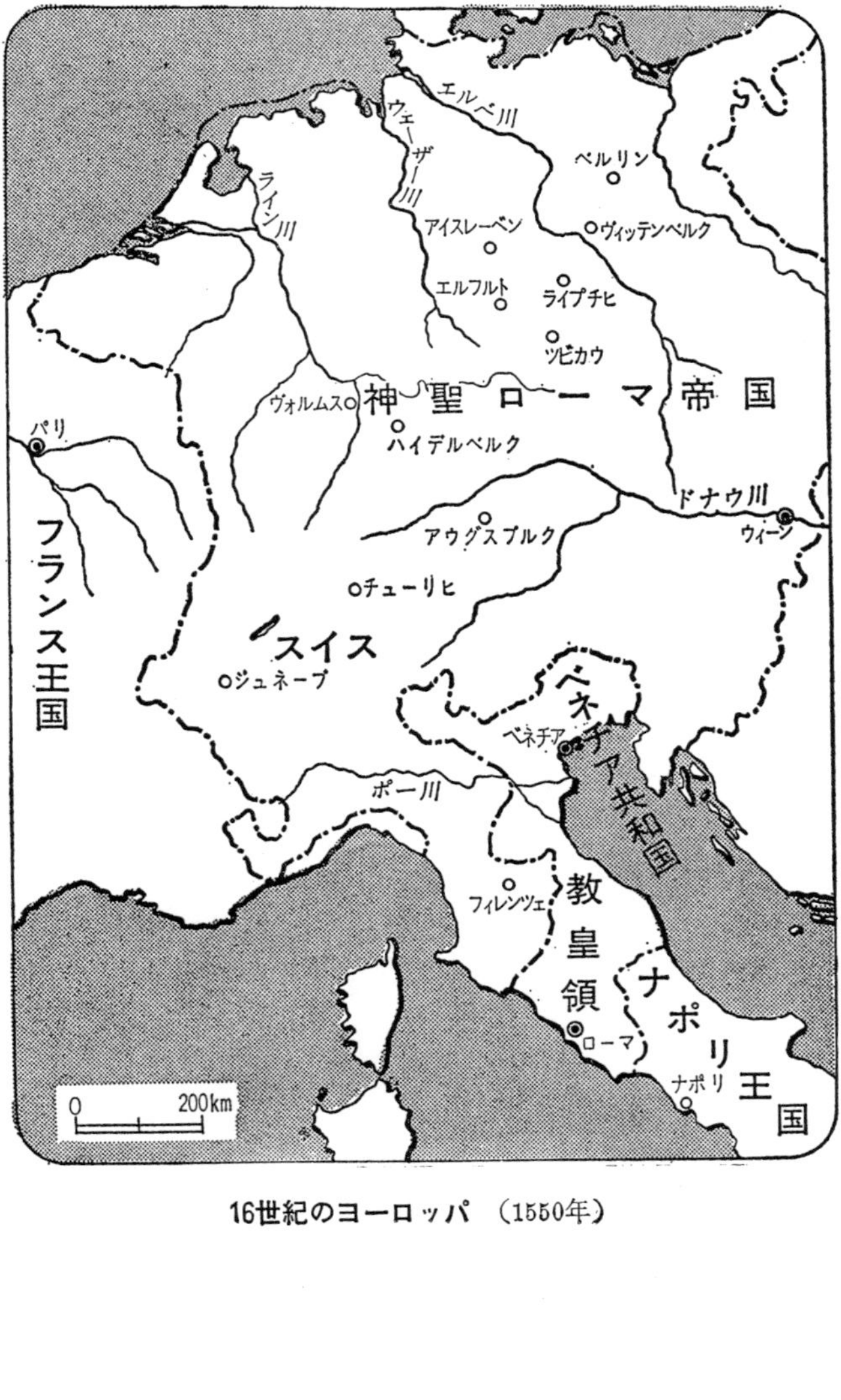

16世紀のヨーロッパ （1550年）

I

ルターの住んだとき・ところ

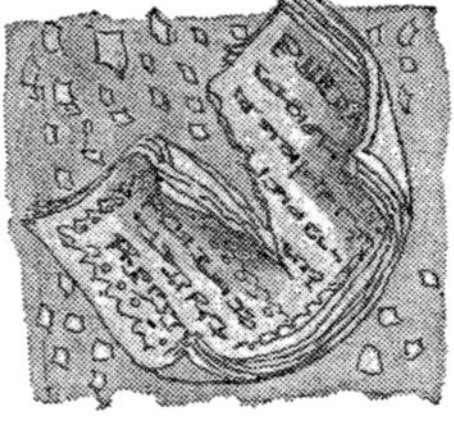

そのころの民衆の生活

教会と領主のもとで

「中世における物的・精神的なすべての生活は、教会の支配するところとなった。教会的な考え方は、幾世紀の経過のあいだに、ついには一種の本能となってしまって、人は盲目的に自然法則に従うように、これに従ったのであった。また、社会生活、国家生活、さらには家庭生活のすべても、教会的な様式をとったのであった。教会はそれほどまで民族生活のすべてと結合したのである。」F＝メーリングのこの言葉は、中世ヨーロッパの生活とキリスト教との関係を、巧みに表現しているといえよう。

元来、これらの民衆は、精神生活の支配者である教会の支配下にあるとともに、世俗生活の支配者である領主のもとにあった。すなわち、領主は農民を支配し、農民から地代（賦役《ふえき》、生産物、または貨幣）を取りたてた。そして領主は、地代を取りたてるほか、ときには裁判をやる裁判権、法律をつくる立法権、居住・結婚などの自由をさえ拘束する人身支配権をも一身にかね集めることがあった。もちろん、このさい、主人である領主は、みずからに隷属《れいぞく》する農民に対し、恩恵深い主人でなければならなかった。隷民たちの生活のあらゆることに積極的・消極的な保護や恩恵を惜しんではならなかった。逆に農民としては、領主に対し、忠誠で、畏敬の念をもち、従順でなくてはならなかった。

この、もともと精神の支配者である教会と、地上の支配者である領主とは、一体となって、中世ヨーロッパの民衆を支配したのである。領主や国王が、新しい村落を開墾したり、新たな植民をはかったりすることは、同時に、そこでのキリスト教化をともなっていた。領主や王の権力の拡張は、同時にまた、教会や教皇の力の強化でもあった。

ところで、その教会は、キリスト教を説くとともに、その教えにしたがって、慈善を施した。それのみでなく、ヨーロッパ人に、ギリシア・ローマのすぐれた文化や生産様式をつたえた。より高い農耕様式をつたえ、手工業や技術を教え、みずからの力で商業を促進した。また教会は、中世の知識の集まるところであった。しかし教会は、このような慈善や奉仕や働きに対し、それを保証する物的なよりどころを欲し、それを要求した。十分の一税や土地所有権が、それである。こうして教会は、ぼう大な土地をその手におさめるようになったのである。キリスト教的精神的権威の中心である教会(さらに修道院や教皇)もまた、地上の支配者である領主と同じ体制をとるようになったのである。精神の国であり、来世の幸福を保証すべきはずの教会が、同時に地上的領主となり、地上の国王と肩をならべるごとき世俗的権力者となったのである。このことは、王や領主にとってもつごうのよいことであった。というのは、民衆にとっての精神的な生活のよりどころであり、信仰の中心である教会のこのような姿は、王や領主の立場を正当化し、保護してくれるからである。教会は、地上における身分関係（領主と農民との身分関係）を、神の創造、神の摂理《せつり》とみ、その身分（農民である身分）において忠実にみずからの職業に励み、しかもむさぼらずして貧しくあり、そこにこそかえって神の意をみることを教えた。したがってまた、教会による、あるいは領主による地代や税の取りたてを、神の意にそうものとした。

このような形において、いみじくもメーリングが言ったごとく、教会は、中世における民衆の全生活（物的・精神的）を支配することとなったのである。生活も、政治も、文芸も、思想もいっさいが神のもとにあり、いっさいが教会の侍女であるといわれるような姿が、あらわれたのである。

しかし、教会（ローマの教皇庁を頂点とする組織の一環である教会）が、世俗領主と同じように物的な力（財）をもとめ、世俗領主と一体になっていったということは、教会の腐敗を招き、神の正義を疑わしめないわけにはいかなかった。そこに、向上し目覚めてきた民衆たちによる、反領主運動と、教会批判とが、生まれてくるゆえんがあったであろう。

支配に押しつぶされない自由

人びとは、教会のもと、キリスト教を信じ、領主のもと、年貢をおさめて、その支配に服した。しかし、かれらは、村のなかにあって、村びととして、共同の生活をしていた。共同耕作などをはじめとして、お互いに助けあい、お互いの安寧《あんねい》と秩序をはかり、村を守るのが村びとたちの義務であった。したがって、村の生活を乱し、村の土地を侵害するもの、とくに村の共有地（入会《いりあい》）を奪おうとするものに対しては、団結して立ち上がり、武器をとって防衛しなくてはならなかった。数多い農民一揆や農民戦争の原因の一つは、領主たちが、この共有地を奪い取ろうとしたことにあった。村びとたちは、村の集会に出席し、村に関する諸事項を決定し、それに従った。村に関する諸事項とは、村長など村の役員の選挙、村の会計のこと、入会地に関すること、耕作耕地に関すること、貧民の扶助のこと、家畜飼養に関すること、道路・橋・共同建物・灌漑《かんがい》・水源・墓地などに関すること、かまどのこと、よそ者に関すること、村に雇われる者たちのこと、地代その他公的賦《ふ》課税の収納のこと、村内争いのこと、防犯や犯罪に関すること、入会の防衛のこと、消防のこと、宗教や教会に関したこと、などである。こうして村びとたちは、村長のもとに、共同の慣習による自治的生活を行なってきたのである。みずからの歴史、みずからの伝統、みずからの慣習、みずからの倫理、みずからの取り決めをもって古来生きつづけてきた生命体であり、生活共同体であったのである。それゆえ、村は、けっして、領主の支配のもとに押しつぶされてしまうような弱いものではなかった。「自由はゲルマンの森から」という言葉は、こうした姿を象徴しているであろう。

したがって、領主がこの伝統的・慣習的な自治生活をおびやかそうとしたとき（入会地を奪い取ろうとしたり自治的諸権利を侵害しようとしたり、賦役や年貢を増加しようとしたりしたとき）には、村びとたちは、村を拠点として立ち上がり、神の正義の名のもとに、「古き権利」を防衛したのである（農民一揆、農民戦争）。古き権利とは、古来の慣習・伝承・法による自治的な生活のことであり、かれらはそこに、神の正義と公正をみ、かれらの保護と平和と自由を見いだした。それゆえに、このような慣習が破られ、権利が侵害されようとしたときには、神の正義を守り、自由を守るために、立ち上がって戦わねばならなかったのである。

町にも町の自由があった。町は、町の代表（市参事会）によって運営されたし、同業者は組合（ギルドとかツンフト）をつくって、仲間たちの規約をきめ、仲間たちの権利を守った（もちろん仲間たちとは、親方《おやかた》たちのことで、親方のもとには、「職人」、「徒弟」という身分が隷属していた）。またある都市は、「自由都市」として、広い範囲の自治・自由を認められ、許されていた。

ルネサンスをささえた商人貴族

新しい人間像をもとめて　暮らしも政治も文芸も思想も、いっさいが神のもとにあると考えられ、教会や領主によって支配され拘束されていた中世の時代、そこから人間を解放する運動が、まずイタリアに起こった。ルネサンスの運動である。

ルネサンスとは、復活とか、再生とか、再現とかの意味である。ふつう、「文芸復興」と訳されている。古代ギリシア・ローマの文芸の復興を意味するのである。あの、いかにも人を威圧するごとく天にそびえたゴシックの建築や、きびしくて粗野でぶかっこうなゴシックの美術に侵されたイタリア人は、かつてのローマ大帝国を誇りとし、その再現を夢み期待した。かつての栄光への郷愁にかられたこの歴史的・民族的意識が、古典文芸復興の運動としてあらわれたのである。

しかし、この運動の根は、もっと深いところにあった。イタリア人は、封建的な束ばく、わけてもいっさいが神の侍女であるような生活から解放された、もっと自由な生活にあこがれた。修道院にはいって、清貧と童貞に甘んじ、学問をおさめて神の本質をきわめることをもっとも高貴とする人間像や、尼僧院にはいっ

ボッティチェリ「春」の部分

て、神をわが夫とし、わが主として祈り仕えることを、もっとも美わしく清しとする女性像、このような従来のあり方からのがれて、人間本来の喜びをもとめようとした。人間とはなにか、人間らしい生き方とはなにか、を模索しようとした。そこでかれらは、人間の肉体、人間としての快楽や幸福、個人の力や個性や生命、家庭生活や社会生活などの現実、それらを是認し肯定する方向にあこがれた。その方向を、かれらは、古代の探求、自然の探求においてもとめた。かれらの誇りとする古代は、かれらにとって、キリスト教を知らない純粋な人間の世界であった。古代には、奴隷制があったはずであるにもかかわらず、かれらは、それを忘れて、古代を理想化した。古代は、かれらには、自由人の自由な理想郷であった。かれらは、古典文芸の復興を通じて、人間としてのかれらじしんの自然と自由をもとめようとしたのである。同じように、かれらは、また、神や教会のもとでの学問や信仰からはなれて、自然を観察し研究した。こうして、ルネサンスの理想的な人間像は、人間らしい文芸や科学に精通する万能の人であった。ルネサンスを代表する、レオナルド＝ダ＝ヴィンチとか、ミケランジェロとかは、周知のごとく絵画や彫刻にひいでていたのみでなく、建築、土木、解剖学、数学などあらゆることに卓越していた、まさに万能の天才であった。このような人間新生のなかに、ルネサンス＝ヒューマニズムの神髄があったのである。そしてその中心は、「花の都」とよばれたフローレンス（フィレンツェ）であり、「永遠の都」とうたわれたローマであり、「水の都」のベニスであった。

ルネサンスの背景

もともとイタリアの地は、こうしたヒューマニズムをうみだすには、恵まれていた。そこには、アルプス以北のヨーロッパ中部にみられるような強力な封建君主はおらず、強力な封建制度は育たなかった。ローマ教皇も、十字軍の失敗とか、「アヴィニョンの捕囚」（教皇庁が、フランス王権に圧迫されて、一三〇九〜七七年の約七〇年間、フランスのアヴィニョンにあったこと）などによって、これまでの権威と地位とを失っていた。こうしたなかで自由都市が発生し、人びとの間には、自由と自治の精神が高まっていったのである。わけても発展したのは、十字軍によって大きなもうけをした海港都市、ピサ、ベニス、ジェノヴァ、ナポリなどであった。もともと地中海に面した諸都市は、近東とヨーロッパとを結ぶ仲介貿易を行なって栄えていたが、たび重なる十字軍によって、とくにそれと関係の深いさきの諸都市は、ますます豊かになっていった。これらの都市の大商人は、造船、水夫の雇い入れ、船主への貸付け、近東物産（熱帯産の植物・果実、コショウなどの香料、染料、絹織物など）とヨーロッパ商品（毛織物、銀、銅など）との交易などによって富んでいった。

最初不利であった大陸都市もまた、発展をとげていった。なかでも急速に繁栄の途をたどっていったのが、フローレンスである。フランスやフランドル地方からの羊毛を加工して毛織物をつくりあげ、それをヨ

メディチ家の別荘
（フローレンス郊外）

ーロッパ諸国に逆輸出したのである。フローレンスが、花の都として、ルネサンスの中心になるための経済的基盤は、こうしてつくられていった。

　これらの諸都市の大商人は、商業のほか高利の貸付けをも行なった。かれらは、イタリア本国だけでなく、ヨーロッパの各地にも支店をもって商取り引きをするとともに、ヨーロッパ各国や教皇庁などの支配者や貴族たちに高利で貸付けをなし、かわりに、各地における取り引き上の特権を手に入れた。そのほか、都市の手工業者たちをも、前貸しなどによって支配した（前貸し問屋制）。さらに大商人たちは、農村に土地をもち、封建領主としての性格をも有するにいたったのである。

　こうして、大商人のカネの力が、イタリアを支配し、教皇庁を、さらにはヨーロッパをも左右するようになったのである。ルネサンスの背景には、こうした商人の力、商人の自治、商人の自由な雰囲気があったのである。われわれは、このような大商人の代表として、フローレンスの「メディチ家」をあげることができよう。商業と金融業によって巨万の富を蓄積したメディチ家は、フローレンスの経済や政治を支配したほか、ヨーロッパ各国の名家と婚姻関係を結び、一族から教皇、女王をはじめ、多くの名士をだした。またメディチ家は、みずからの豪奢《ごうしゃ》な生活を飾り、自己の権力を誇示するため、美術学芸を愛護・奨励《しょうれい》し、多くの学者や芸術家を保護し、支援した。こんにちフローレンスをおとずれる人は、メディチ宮、サン-ロレンツォ寺(メディチ家霊堂)、メディチ礼拝堂などを見て、メディチ家の偉大さを知ることができよう。そして、これらの建物のなかには、パトロンであるメディチ家のために仕事をしたミケランジェロの名作が、見られるのである。フローレンスを歩いてみると、まさにこの町が、メディチの町であり、ミケランジェロの町であることを、いやでも知らされるであろう。フローレンスの花(芸術)、そしてまたルネサンスの花は、このメディチをはじめとする大商人貴族のうえに咲いた花、といってよいであろう。

商人貴族の自由

だが、人間らしい、自由で自然な生き方をもとめ、ルネサンス運動をつくりあげ、それをささえた人たちが、都市の商人貴族であったということ、そこに問題があるであろう。地中海貿易や商業や金融によって巨富をえた新興商人階級は、人間らしさを許さない教会的・封建的社会をきらい、それから解放されて自由であろうとした。しかしかれらは、古い秩序のなかから大衆を解放しようとはしなかった。むしろ、古い閉じられた社会であるがゆえにこそかれらは、商業や貿易によるもうけを独占的・特権的に確保することもできたのである。

事実、都市の商人貴族のもとには、この商人貴族に支配され、拘束され、かれらの言うなりになるよりほかはないところの、貧しい数多くの農民や手工業者があったのである。はなやかな文化や学芸をほこるイタリア-ルネサンス。それの根となりささえとなった大商人貴族たちの巨大な富。このかげには、かれら大商人階級の利害によって苦しい生活を押しつけられ、かれらのつごうによってひきずられるままの、農民や手工業者があったのである。その人たちは、自分たちの力で浮かびあがることもできず、貧しさと苦しさのなかにあえいでいたのである。

新興の商人貴族たちは、自分たちの自由や人間解放をもとめた。そしてそれは、かれらだけの自由や人間解放であった。かれらは、大衆の貧困と無知とを看過し、大衆の要求や運動に対してはなんの関心も理解ももたないばかりか、憎悪の念さえ向けた。イタリア－ルネサンスが商業資本の文化であり、商人貴族のヒューマニズムであり、少数天才の時代といわれるゆえんである。ルネサンス的商人は、積極的に、新しい時代（近代）ないし新しい社会（近代市民社会）の創造者ないし担《にな》い手とはなりえなかった。現実の批判を欠き、現実と対決しようとはしなかったルネサンス－ヒューマニズムの弱さは、古代の模倣そのものを目的としたり、古典の教養を処世・装身の具としたりするようにもなったことのなかに、あらわれているであろう。新しい時代、新しい社会、新しい秩序の創造は、むしろ農民大衆自身のもり上る力によらなくてはならないであろう。

しかし、新しい商人階級の登場と発展は、皮肉なことには、閉じられた古い社会を開かれたものへと変えていき、売るための生産（商品生産）や売買（商品流通）を促進し一般化させていく。そしてそのことによって古い体制がくずれていくのをたすけ、新しいのが育つための場をつくっていくのである。そしてまた、商人貴族たちがあこがれ、この人たちがつくり上げた自由や人間性の解放は、そうでないところへ影響を及ぼさないわけにはいかない。こうした意味において、人間解放をうたうルネサンス運動と、それに結びついている商業の展開とは、封建的共同体的な秩序と、その精神的支柱であったキリスト教ないしキリスト教倫理とのなかにくいこんで、それを揺り動かしていくのである。

ルター宗教改革の背景

古い生活の解体

わたしたちは、さきに、ゲルマンの農民たちや市民らが共同生活をなし、領主の支配に押しつぶされてしまうことのない、自由のバックボーンを有していたことを見てきた。ところで、閉じられた団結のもとでの農民の経済的な力が向上し、かれらが富んでくるとともに、かれらの様相は変わらないわけにはいかなかった。農民の生産力が高まるとともに、かれらにはゆとりができ、生活するために余ったものを他へ売り、めずらしいものを買い入れるようになる。つまり交換経済（商業）が、村むらにあらわれてくる。こうして、農民たち（また市民たち）が富み、かれらの力が強くなってくると、かれらの慣習を、権利を、自由を守ろうとする意気ごみや蜂起《ほうき》は、ますます強く多くなってくる。それどころか、かれらは、自分たちの権利や自由を拡大しようとさえする。賦役《ふえき》や年貢をまけさせ、負担を軽くしようとする。そこで、領主側は、反動的にでて、農民に対し、新しい租税をかけ、無理な要求をし、農民の入会地を自分の財産にしてしまおうとさえする。そこでまた農民の抵抗や一揆が起こってくる。

財産やおカネを欲し、それに目をくれたことは、教会（そしてまた、高位の僧侶や教皇）もまた同じであった。したがって、立ち上がった農民の叫びは、「われらに自由を！」であるとともに、「神の正義を！」であった。領主に対する反抗であるとともに、教会の改革、真の教会を念願するものであった。

一五世紀から一六世紀のはじめにかけては、このような農民一揆の時代といってよいほどの状況が生まれた。「自由」や、ひもの長い短靴（「ブントシュー」）を旗印にした一揆が、ドイツのあちこちにみられた。「ブントシュー」というのは、当時農民がはいていた短靴で、農民たちは、長靴をはいていた騎士にたいする反抗を、このブントシューの旗印であらわしたのであった。そこでは、「アダムが耕し、イブが紡《つむ》いでいたころには、殿さま（領主）なんかあったのかい！」とか、「坊主をやっつけろ！」「高利貸しを倒せ！」などというぶっそうな合言葉さえ聞かれるようになった。領主や僧侶とともに、高利貸しが恨みを受けているのである。

自由の旗をかかげて
立ちあがる農民

しかし、村むらに商業がはいりこんでくるということは、村の閉じられた団結をゆるめることにもなる。村は、いやおうなしに、開かれた世界へと変わっていき、村びとと相互の間にも経済的な差ができてくる。それらは、農民の意に反し、いやおうなしに、村の団結や慣習をくずしていく。そこでは、領主に抗し、古くからの慣習や団結や権利や自由を守ろうとする力と、新しい経済生活の影響とがぶつかりあっている。そして、そうした状況が、一方では、領主や教会の支配する秩序を切りくずしていくとともに、他方では、矛盾したことには、村や、また町のもつ閉鎖的な団結や慣習や生活を、解体させていくのである。だんだんと上昇して富んできた農民（また、町の手工業者）は、一方、世俗領主や教会領主の支配や圧迫に抗し、それらから解放されて自由であることを願った。が、他方、村（また組合）の慣習や取り決めや拘束をわずらわしいものと感じるようになった。かれらは、領主・農民（また、親方・職人・徒弟）といった縦の関係から解放されるとともに、共同体や組合という横の関係からも解放されて、ぞんぶんに羽をのばし、ぞんぶんにみずからの才能やウデを生かすことを望んだのである。それこそは、近代的な生産者の芽ばえともいえよう。

ルターは、みずからが「農民の子」であり、「鉱夫の子」であることを、つねづね口にしたといわれる。しかし、ルターの父ハンスは、誠実と勤勉と節約とによってある程度の財をつくりあげ、粗銅を製造する中産的鉱夫であった。まさに、ようやく上昇してきた、堅実な中産者であり、いわば小産業資本家であった。近代的な生産者の芽ばえともいうべき性格の鉱夫であり鎔夫《ようふ》であった（もちろん、キリスト者ではあったが、それほど信心ぶかいというほどではなかったらしい）。ルターは、この誠実で勤勉な生産者の息子なのである。この息子は当時、わけても高利貸しの親玉であり、独占的な大商人であったフッガーを敵視し、フッガー的なやり方を攻撃した。ルターの宗教改革は、いわば、フッガーのカネの力に対する、良心からの反抗であったといえよう。フッガーの富に支配され左右される、堕落した教会や教皇に対する、ただいちずの信仰者のプロテスト（抗議）であったといえよう。誠実で勤勉な中産者の息子であり、敬虔なキリスト者であるルターはフッガー的な富や、富の力や、それによるキリスト教会の腐敗を看過することはできなかったのである。しかし、わたしたちは、ルターの背後に、ルターを生みだし、ルターをささえた上昇農民層の力があったことを忘れてはならないであろう。

ところで、フッガー的な巨商は、どのようにしてつくられ、どのような性格をもっていたのであろうか。（以下、大塚久雄『宗教改革と近代社会』その他による。）

フッガーの時代

フッガー家は、もと、南ドイツのアウグスブルクにおける小さな織物工であった。が、のち、この地でつくられる織物の原料や製品の売買をこととする商人となり、はるばるチロルの山道をこえてイタリアのベニス（ベネチア）とも取り引きをし、おおいに財をつくりあげていった。しかしなんといっても、フッガー家が歴史の舞台に登場して、一世を左右するほどになったのは、ヤコブ＝フッガー（ヤコブ二世）（一四五九～一五二五）のときにおいてである。ちょうど、ルターの宗教改革が始まり、農民の反抗がうずまくころ（一六世紀初頭）である。

さきにふれたごとく、当時、イタリアの諸都市は、近東諸国とヨーロッパとを仲介する貿易でさかえていた。東方からもたらされるものは、珍奇な香料・染料・絹ものなどであり、かわりにヨーロッパから輸出されるものは、銀・銅・毛織物などであった。この銀・銅は主として南ドイツ（チロル）で産出され、その相当の部分がベニスへ運ばれ、そこから東方へ輸出されていった。商人ヤコブ＝フッガーは、この鉱産物に目を

財閥フッガー家の邸宅

つけたのである。

ところが、そのころ、銀・銅の採掘・精錬ならびに販売は、神聖ローマ帝国皇帝やドイツ領邦諸侯の特権となっていた。フッガーは、この特権をゆずり受けなくてはならない。ところが、そのためにはまことにつごうのよいことがあった。というのは、皇帝や領邦諸侯は、財政的窮乏（十字軍以来増大する戦費、だんだんふくらんでくる官僚維持費、高まる奢侈《しゃし》、などのため）で困っていた。背に腹はかえられないかれらに対し、富商フッガーは高利の貸付けをなし、その担保ないし代償として、さきの特権を手に入れるという方法をとった。チロルおよびハンガリーの重要な鉱山地域を支配していた皇帝マキシミリアン（オーストリアのハプスブルク家）は、軍事費その他のぼう大な経費のため、わけてもカネを欲していた。フッガーはたくみにこの機をとらえ、ハプスブルク家に多額の高利貸付けをなすとともに、銀・銅の採掘・精錬・販売の特権をつかんだのである。かれはこのような方法で、つぎつぎに特権を手におさめるとともに、鉱産業を独占していった。そこからのぼく大な利潤と高利貸付けとは、互いに因となり果となりあって、ますます巨富を生みだしていった。フッガーは、ローマ教皇にもぼう大な高利貸付けを行なっていたので、いまやかれは、教皇・皇帝・諸侯の台所をあずかり、ヨーロッパの政治をかげであやつっていた。一六世紀初頭においては、フッガー家の活動領域や支配力は、全ヨーロッパに及び、国王の名まえは知らなくても、フッガーの名を知らぬものはないというありさまであった。その富は、あのフローレンスのメディチ家の最盛期を、数倍も凌駕《りょうが》するほどであったといわれる。こうして、「フッガーの時代」とよばれる一時代が、「黄金の都」とうたわれるようになったアウグスブルクを基地にして、出現したのである。

財閥フッガー家の紋章

カネの力 皇帝をつくる

フッガー家のカネの力は、さらに大きな力を政治のうえで発揮した。

一五一四年、マグデブルクの大司教アルブレヒトが、選帝侯（神聖ローマ帝国皇帝を選挙する権限をもった、名誉ある地位）であるマインツの大司教の地位に就任した。が、そのさい、アルブレヒトは、栄職にありつけた代償として、三万ドゥカーテンという巨額のカネをローマ教皇に支払わなくてはならなかった。かれは、あまりにも大きなこのカネを支払うために、その大部分を、例のごとく、フッガーから高利で借り入れた。しかしこの巨額の債務を返済することは、マインツ大司教の正規の収入では、不可能のことであった。そこで、その返済の手段として、「贖宥《しょくゆう》券」

の販売を、教皇認可のもとに行使することとなった。

「贖宥」というのは、ラテン語の「Indulgentia」（インドゥルゲンティア）という言葉の訳で、ほかに、「免罪」（免罪のための書状を「免罪符」）とか「免償」（書状を「免償符」）とか訳されている（ふつう、免罪ないし免罪符という言葉がいちばん用いられている。しかし、インドゥルゲンティアというのは、罪そのものが赦《ゆる》されてなくなることを意味するのではなく、罪に課せられた罰から免除されることであり、償いの免除を意味する。したがって、訳としては、「贖宥」のほうが「免罪」よりはよく、さらによいのは、「免償」であるともいえよう）。が、とにかく、「罪の償いを免除する」というこの「贖宥」は、もともと、こう考えられていた。キリストや聖徒がありあまるほどの功徳を積んで天に蓄積したので、教皇はそれを引き出して人びとに、一定の条件（善行、祈り、聖地巡礼、教会への寄進など）のもとで分与する、したがって、罪の償いが免除される、と。ところが、しだいに形式化され、教会の財政窮乏のさい、財政収入をはかる有力な手段として悪用され、乱売とか、献金要求とかの多くの弊害をもたらした。

アルブレヒトにより、借財返済のために行なわれることとなった贖宥券販売には、名説教僧テッツェルが起用された。「おまえさんがたが、お金を箱のなかに投げ入れると、その音とともに霊魂は地獄から飛びたつのだ……」と、テッツェルが贖宥券の功徳を説きつつ売りさばいている間、そばには、フッガー家の支配人が、金庫のカギをもってつきそっていた。金庫がいっぱいになると、支配人立ちあいのもとに開かれた。売上金の半分は、フッガー家ローマ支店の手をへて、教皇庁へ納付され、他の半分は、債務の弁済としてフッガー家へ納められた。教皇庁へ納められた金額は、一五〇六年に始められた「聖ペテロ大聖堂」の建造費にあてられたのである。そして、皮肉なことには、ときの教皇は、メディチ家出のレオ一〇世であった。

ルターが憤慨して「九五か条の提題」を、ヴィッテンベルクの城教会の扉にはりつけたのは、このときである。かれは、純粋な信仰を守るために、贖宥でなくて悔い改めが、贖宥でなくて愛が、贖宥でなくて福音が、罪の赦しの根本であることを主張し、抗議した。（もちろん、当時ルターは、まだ、教皇・教会に反抗する意志はなかったし、贖宥そのものを否認したわけではなかった。が、そのあと、ルターがローマとの対決を深めるにつれ、ついに一五二一年、破門が宣告された。）

一五一九年、マキシミリアン皇帝が没し、その後継者を選定するときのことである。候補者は二人。一人は、マキシミリアンの孫で、オーストリア王家（ハプスブルク家）のスペイン王カール（スペイン王カール一世）であり、他は、フランス王フランソワ一世である。二人の競争は、選帝侯たちが要求した賄賂《わいろ》の額をますます引きあげて、莫大《ばくだい》なものにした。財政難に苦しむ両候補に、もとよりそのような財力のあろうはずはない。そこで、二人は、巨商ヤコブ＝フッガーの獲得を争った。が、けっきょく、マキシミリアン皇帝いらいの誼《よし》みから、フッガーは、カールの側につき、選挙費用の大半を引き受け、ここにカール五世が出現したのである。フッガーは、まさに、皇帝をつくる商人でさえあった。[1]

1) この項、松田智雄『宗教改革』、大塚久雄『宗教改革と近代社会』など参照。

キリスト者の抗議と、農民の怒り

敬虔《けいけん》なキリスト者であるルターは、カネ集めの手段として贖宥券の販売を濫用するようなキリスト教を、そのまま見のがしておくわけにはいかなかった。また、誠実な農民の子であり、正直な鉱夫の子であり、公正な上昇中産市民の子であるルターは、フッガー的商人に対して、激しい反感をいだかないわけにはいかなかった。「何をもとめずして貸せ」（ルカ伝六・三五）という聖書の言葉に反する高利貸しはいうまでもなく、不当に安く買い不当に高く売ろうとする取り引き、投機的商業。鉱産業だけでなくてあらゆる面での特権的独占（前貸しによる手工業者の支配、買い占め、販路の独占、など）。カネの力によるキリスト教の冒瀆《ぼうとく》や政治の支配。それらのいずれをとっても、ルターにはがまんのならないことであったろう。そして、この反感、この怒りこそは、誠実なすべてのキリスト者の抗議を、また、上昇しつつあった農民層の怒りを反映するといえよう。むしろルターの九五か条の提題は、神学的論争を提起したものであったにもかかわらず、民衆は、これを、宗教改革の「のろし」と受けとった。それほどに、民衆は、「のろし」を待望していた。

アルプスをこえて北方に波及していったイタリア‐ルネサンスあるいはルネサンス‐ヒューマニズムは、ここでは、古典文芸の復興や、人間ないし自然の讃美という形をとらないで、聖書や古典語の自由な批判的研究へ向けられた。いわばキリスト教的・宗教的ヒューマニズムともいうべき傾向をとっていったのである。静かな気高さをしめすレオナルド＝ダ＝ヴィンチ、動的な力感でせまってくるミケランジェロ、はなやかな官能美をあらわすティツィアーノ……。これらイタリア‐ルネサンスの画家に比べるとき、イタリアールネサンスの影響を受けた、ドイツ最大の画家デューラーの作品には、人間らしさのなかに、宗教的荘重さがひそんでいる。かれの芸術の底には、ルターに同調し、ルターの身を案じ、宗教改革に加担するほどの宗教性がうずまいているといえよう。とまれ、アルプス北方のここでは、人間らしい真実を宗教（キリスト教）のなかで探求しようとする、いわば宗教的ヒューマニズムが誕生し浸透していったのである。

すでに、修道院を母胎として、信仰を内面的に追求しようとする運動が起こっていた（神秘主義的精神運動）。また、ウィクリフ（一三二〇ごろ～一三八四）、フス（一三六九～一四一五）、サヴォナローラ（一四五二～九八）、ロイヒリン（一四五五～一五二二）、エラスムス（一四六六～一五三六）……など、宗教改革の多くの先駆者たちは、あるいは腐敗したローマ教会を批判し、あるいは宗教改革のためにたたかい、あるいは改革運動に殉じていった。

デューラー作「聖母子」

そして、かれらは、キリスト教信仰に生きる多くの民衆のなかへ、深い影響をあたえていった。この民衆とは、僧侶や貴族や領主や騎士のいばる古い世界のなかから、また、村や組合のきまりのなかで生きる古い生活様式のなかから、そのワクをのり越えて上昇してきた、信仰ぶかい農民層であった。したがって、かれら農民にとっては、宗教の改革は、同時に、かれらの生活の改革であった。教会や僧侶やローマ教皇や、さらには修道院に向ける激しい反感と反発は、同時に、領主や貴族や騎士に対する、そしていまではフッガー的商人に対する怒りでもあったのである。

こうして、すでにここには、ルター宗教改革のための思想的・実践的先駆と、民衆的温床とがつくりあげられていた。ルター宗教改革は、この状況の意識的反映であり、自覚的集約であった。それゆえにまた、民衆のための理論的武器となり、指導的牽引《けんいん》車となっていった。ルターの書は、民衆にきそって読まれ、ルターは、改革派ないし進歩派のシンボルであった。

渦まく民衆の思想と力

現に、ルターのすぐ身近のところで、民衆の熱情、農民の怒りが渦まいていた。

一五二〇年から二四年にかけて、南ドイツで、フッガー的商人の独占に対する反対運動が起こった。(矢おもてに立たされたフッガーは、かれのカネの力のおかげで、皇帝の地位につくことのできたカール五世の圧力によって救われたが。)

一五世紀から一六世紀にかけ、あちこちで、「ブントシュー」(農民靴)の旗をかかげる農民一揆があらわれた。

一五二二年から二三年にかけて、南ドイツの騎士ジッキンゲンの反乱が起こった。そして、一年後の一五二四年六月、ドイツ西南の伯爵領で、アサ糸をつむぐためにカタツムリのからを納入せよとの伯の命令に怒った農民たちは、日ごろの不満を爆発させて立ち上がった。この一揆が全ドイツにも及ぶほどの大農民戦争へと発展し、支配者たちをふるえあがらせた。農民は、「キリスト者同盟」を結び、領主側の反動的な同盟に向かって「一二か条の要求」をつきつけた。

牧師任免権をわれわれ村びとに与えること
教会の十分の一税を公正に徴収・使用すること
われわれを農奴の地位から解放すること
奪った森や牧場や耕地をわれわれに返すこと
われわれを圧迫するごとき賦役や貢租《こうそ》を無断で増加せぬこと
われわれが損失をまねくことのないよう、第三者によって公正な地代を定めること
旧来の成文法による公正な裁判
相続税の廃止……

そして、かれら農民は、これらの要求が、神のコトバにしたがって正しいのであり、聖書に合致するものであることを強調するのである。

わたしたちは、いま、この諸要求から、領主や教会が、反動的に、どのように農民を圧迫しようとしたかをうかがうことができよう。領主や教会の背後には、皇帝や領邦諸侯や教皇があった。かれらは、さきに述べたように、財政窮乏のため、フッガー的巨商から高利の借金をしたが、そのためますます窮地においこまれた。そこで、この負担を農民へ転嫁し、農民から取りたてることによって窮乏をきりぬけようとした。と

ころが富んで強くなった農民の方には、日ごろから不満がうっせきしており、かれらは、領主や教会からの無償の取りたて（封建地代）を批判し、それにすなおに応じようとはしなかった。そこで領主や教会の側は、どうしても、無理に、力によって、より多くをまきあげようとした。そうしないではみずからが危ういことを、感じないわけにはいかなかった。この危機感ないし危機状況が、反動をもたらしたのである。こうした状況を通して、わたしたちは、聖書の福音を信じ、そこに正義をみ、それゆえに反動的圧迫に抗して立ちあがった農民層の、思想とエネルギーとをみることができよう。

それは、一面、聖書にもとづく神的権利ないし神的正義の名のもとに自分たちの自由（古来の特権）を守ろうとする、いわば保守的なものであった。が、他面、封建的領主支配に対する反抗であり、教会領主へのプロテストであったのである。上昇してきた農民は、このように、保守的なものと進歩的なものとをからませつつ、古い封建体制を切りくずし、ゆがんだ教会に批判をつきつけていったのである。そのかれらは、また、かれらを苦しめ、かれらの行くてをはばむ高利貸しや、投機的商人や、独占的特権を有する富豪に対しても、怒りと反抗とを向けずにはおかなかった。そこには、新しい人間、新しい時代、新しい宗教の芽が、もえでているのである。

ルターは、偉大であった。しかし、ルターを準備し、ルターを生み、ルターを育て、そしていま、ルターをささえ、ルターを実践した、民衆の力が忘れられてはならないであろう。また、このような背景のもとに、ルターを助けた諸侯（たとえば、ザクセン選帝侯フリードリヒ[1]）、人文主義的な友人（たとえば、メランヒトン[2]）、国家主義的な騎士（フッテン、ジッキンゲンら）[3]などの力が、忘れられてはならないであろう。こうした力があったればこそ、一ルターが、ローマ教皇やフッガーのような強権に立ち向かって、殉教をよぎなくされることもなくたたかえたという、考えられないことが可能となったのである。

ルター主義と近代

大農民戦争の前期、南ドイツのシュワーベンを中心にした農民蜂起《ほうき》においては、ルターの説得と調停は、まずまずの成功を得て、農民は、ルターの勧告を受け入れた。かれらは、自由・独立・勤勉のバックボーンによって上昇してきた、比較的富裕な中産的農民層であった。ところが、後期、舞台はチューリンゲンに移り、反乱の中心が、急進的なミュンツァー（一四八九〜一五二五）によってひきいられる貧民層となり、行動も激しくなった。ルターは、かれの主張する福音主義の破壊をおそれ、神の摂理《せつり》——ルターは、神の摂理を重んじた——である社会秩序のくつがえる危険を感じた。

1) 後述のごとく、ザクセン侯フリードリヒは、たえずルターを庇護《ひご》した。ルターが破門され、ヴォルムスの国会で審問され（一五二一）、かれの身が危険となるや、フリードリヒは、ルターをヴァルトブルク城にかくまった。ルターは、ここで、新約聖書のはじめてのドイツ語訳に、とりかかることができた。

2) 友人で人文主義者のメランヒトンは、ルターのよき理解者、支持者、協力者であるばかりでなく、人文主義的教養をもって、ルターの福音主義に神学的な基礎づけを与えた。

3) 騎士のフッテンやジッキンゲンは、人文主義の影響を受け、ローマ教会に反感をもち、ドイツをローマから解放しようとした愛国主義者であった。そうした点から、ルターに共鳴し、ルターを擁護した。が、ルターは、ローマとの対決という点で同じ道を歩みながら、思想の決定的な点でかれらと異なり、かれらを十分信じることはできなかった。かれらは、急激な教会改革を企て敗れさった。

「農民の子」であることを誇りとしたルターは、不幸にも、愛する農民を激しく非難し、かれらと袂《たもと》をわかたなくてはならなかった。一五二五年、この大農民戦争は、一〇万もの農民の生命をギセイにして、農民側の大敗北に終わった。

その後ルターは、宗教改革の遂行を、ザクセン、ヘッセンなど、福音主義に理解のある領邦諸侯に期待したのである。その結果、これらの領邦諸侯が領内の教会を支配し、福音主義は教会を通じて、民衆の精神にまで影響を及ぼすことになるのである。

せっかく芽ばえていた近代への新しい芽は、農民蜂起の弾圧によって踏みつけられ、またもとの古い秩序が固められてしまった。数多くの領邦国家が分立対立し、たびたびの宗教戦争、わけても「三〇年戦争」(一六一八〜四八)で田畑は荒らされ、ドイツは近代化から遠く遅れてしまった。

「信仰のみ」を主張するルターの福音主義は、神の摂理を信じた。それは、与えられたものを神の摂理として、それにすなおに服従する姿勢となった。その姿勢は、与えられた現実の秩序とか職業とか身分とか伝統とかを、すなおに甘受する態度に通じる。ルターが、農民の蜂起に反対したのも、ここに由来するであろう。この態度は、世俗的職業のなかでのきびしい労働によって、自分たちの生活を向上させ、社会を変革しようとする実践的・勤労的態度をにぶらせてしまう。ルターが、上昇してきた農民のエネルギーに、十分こたええなかったところに、ルター宗教改革が、生産の近代化にとって十分な精神的支柱となりえなかったゆえんがあるであろう。

この点でルター主義と対比されるのが、カルヴァン主義（もしくはその一派であるピューリタン主義）である。同じく宗教改革のために立ち上がり、福音のために戦ったカルヴァン（一五〇九〜六四）は、ルターの教えにふれつつ、神の決定に対する絶対服従の考えを、さらに徹底させていった。カルヴァンによれば、人間のうち、神に選ばれて神の恩寵にあるものと、そうでないものとは、あらかじめ神によって決められている。それゆえ、人間が積んだ功績や善行はもちろん、信仰や懺悔《ざんげ》や告白も、神の選びや救いとはなんの関係もない。説教・教会・秘跡などもまた、人間を神の救いにあずからせることはできない。では、どうすればよいのか。カルヴァンはいう。「人間は、いまもなお創造の仕事をしつづける神の手足となって働くべきである。人間の社会生活は、神の呼びかけに応じてそれを実践する場所であり、したがって、神の意志が実現され、神の栄光の現われる場所である。人間はこの社会のなかで、神の呼びかけに応じてひたすら勤勉に働くことがたいせつで、働くことのなかに救いがある」と。つまり人間は、神の栄光を現わすための道具であり、この世において、神の栄光を増すことをはからねばならない、というのである。そこで、神の道具となり、神の意にそうためには、神の律法をきびしく守り、ひたすら日常の世俗的職業や隣人愛のなかに没入しなければならない。常住、きびしい自己批判をくりかえしつつ、きびしい禁欲的態度をもって、社会生活や労働に打ち込み、そのことのなかに、みずからの「救いの確かさ」を確認しなくてはならないのである。カルヴァン主義はこのように説く。そして、このようなカルヴァン主義（ないしピューリタン主義）の信仰者は、西欧やイギリスでの新興中産者層であった。それは、主として東北方に広がっていったルター主義の背景をなす農民層よりも、はるかに自主自営的であり、独立的であり、強力であった。それゆえに、カルヴァン主義ないしピューリタン主義は、新興層のバックボーンとなり、かれらの近代化的上昇への力強い精神的支柱と、なりえたのである。

しかし、以上のこととは別に、ルターが近代に与えた影響は、きわめて大であったといわねばならない。ルターの福音主義は、かれが死んでから約一〇年後のアウグスブルク講和（一五五五）において公認された。そして、「信仰のみ」の、内面を見つめようとする精神は、近代人の主観主義・個人主義を育成する酵母となったといえよう。また、現実生活や世俗的職業に励むことのなかに、神に召されている意義（聖召）を見いだしたことは、ルターが後代にのこした大きな業績であろう。そしてなにより大きな影響は、ルターの唱えた福音主義が、世界の多くの福音派キリスト者のなかに生きながらえて、精神的な光をあたえていることである。

また、初めにふれたごとく、ルターのつくったドイツ語訳『新約聖書』が、キリスト教信仰のうえで、さらに近代のドイツ語やドイツ文学のうえで果たした役割が、忘れられてはならないであろう。

まさにルターは、いろいろな意味や面において、近代の源泉ないし原点であるといえよう。

Ⅱ　マルチン＝ルターの生涯

中世的雰囲気につつまれて

生家

マルチン＝ルターが死去してから四〇〇年以上の歳月が過ぎている。ルターは中世社会をささえていた精神的基盤を揺り動かした偉大な宗教改革者であり、また激しい性格の持ち主であった。それだけにルターの生涯は、かつては信仰上の立場からゆがめられて伝えられることが多かった。プロテスタント（とくにルター派）ではルターを「主の預言者」として英雄視し、その生活のすべてを美化しがちであった。他方カトリック側では、かれを「キリスト教の破壊者」「悪魔の子」とみなし、すべてを悪意でもって解釈しがちであった。このようにそれぞれの側からルターの生涯についてかずかずの伝説がつくられた。それゆえ現実を修飾し、事実を拡大し、あるいは細部をはぶいた伝説のなかからルターの真実の姿をみきわめることは、容易なことではないのである。

ところで二〇世紀になってから、ルターの生涯と思想は、すぐれた研究者たちの絶え間ない努力によって、相当の程度まで明らかにされるようになった。しかし四〇〇年以上の歳月の経過は、どうにも明確にできない多くの不明な箇所を残している。それゆえ、わたしたちは、なによりもルターが信仰者として人生をいかに誠実に生きたか、という点に主眼をおいてその生涯をふり返ってみたい。

マルチン＝ルターは、一四八三年一一月一〇日に、中部ドイツのハルツに近いアイスレーベンで生まれた。ルター自身は一四八二年に生まれたと信じていたが、家族の記憶によれば、一四八三年の方が確実らしい。それゆえ一般には一四八三年一一月一〇日に生まれたとされている。

ルターの家は、もともとは、チューリンゲンの南西にあるメーラ村で農業をいとなんでいた。ルターの父、ハンス＝ルターは長男であった。それで、いちばん末の息子が田畑をひきつぐという末子相続制にしたがって、他の土地で生計をたてるために、若い妻と最初の子をつれてアイスレーベンに移らなければならなかった。ここで次男が生まれた。翌日、聖マルチヌスの日に洗礼を受けさせ、その名にちなんでマルチンと名づけられた。(これが、これからわたしたちが問題にするルターである。) だが父、ハンスの仕事はうまくいかず、一家はまもなく小さな炭鉱都市であったマンスフェルトに移り、父はそこで鉱夫になった。父は勤勉と倹約とによってしだいに富をたくわえ、のちには熔鉱炉を二つ所有する小工場主になり、町の有力者にまでなった。ルターの母、マルガレーテ＝ツィーグラーも、正直でよく働きかつ世話好きな婦人であった。ルターの両親は子どもを非常に愛していたが、しつけにはとてもきびしかった。ルターは小さいときくるみを一個盗んだのを見つけられて、母に血のでるほど

ルターの父
ハンス＝ルター

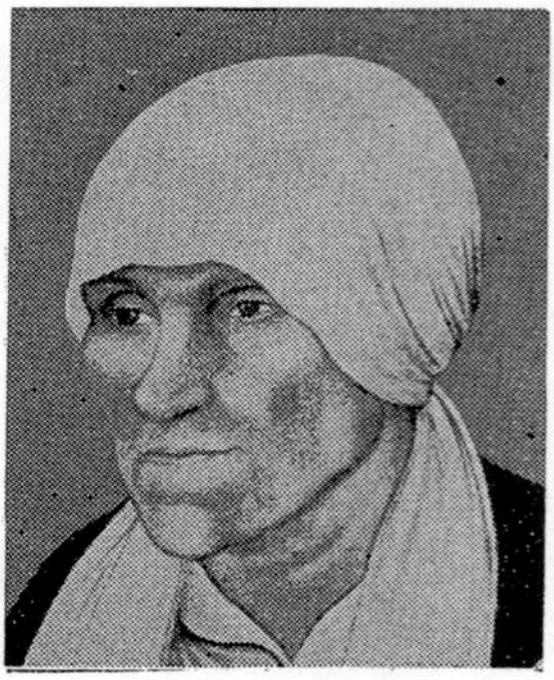
ルターの母
マルガレーテ＝ルター

笞《むち》で打たれたことがあった。また両親は宗教についてとくに信心深いということはなかった。母は晩年によく祈っていたといわれるが、それがルターに影響を及ぼしたとは考えられない。

ルターはのちに両親についてつぎのように語っている。

「わたしは農民の息子である。わたしの父も祖父も祖先も生まれながらの農民である。父はあとでマンスフェルトに移転し、そこで鉱夫になった。このようにわたしは農民の出身である。わたしの父は若いとき、貧しい鉱夫であった。母は背にいっぱい薪《まき》を負って家に帰った。このようにして父母はわたしたちを育てた。」（『ルター自伝』藤田訳　新教出版　九ページ）

少年時代

ルターは五歳のときマンスフェルトのラテン語学校に入学した。中世の学校は教会の管理下におかれていたので、司祭などになるための必須条件であるラテン語をもっとも重要な課目とみなしていた。当時のドイツは教会の支配力が圧倒的であった。またラテン語は教会にかぎらず、学問、法律などの公用語でもあったので、知識階級には欠くことのできないものであった。ルターは学校でラテン語の読み書き、文法、讃美歌などを教えられた。学校の教育も家庭のしつけと同様、きわめて厳格であった。教師は宿題をやってこない者やいいつけを守らない者を笞《むち》でびしびし打った。これがそのころの普通の教育であった。

そのころ人びとは中世後期のキリスト教会の影響を受け、そのうえ、さまざまな迷信を心から信じていたから、すべてのできごとはキリスト教の聖人と悪魔とによって起こされると考えていた。また雷雨とか大雨は悪魔によってひき起こされると信じていた。ルターも小さいときから、悪魔や妖精や魔女などの存在をかたく信じていた。かれの母は、悪魔や妖精が卵やバターを盗むと思っていたし、ルターの弟の死は隣家の女の呪《のろ》いのせいだと信じて悲しんだのであった。ルターはこの世が悪魔や魔女にみちた世界であることをかたく信じており、生涯この信仰からぬけでることはなかった。

ルターは一四歳のとき、両親のもとをはなれて、マグデブルクのラテン語学校に入学した。この学校は「共同生活兄弟団」といわれる宗教団体によって経営されており、その教育は神に対する敬虔さを教えることで有名であった。ルターはここに滞在中につぎの光景を見て感動したという。

ある日ルターは、アンハルト侯ウィリアムという高い身分の人が、断食や苦業によって骨と皮ばかりになってはだしで歩いているのを見た。その人は若年であるにもかかわらず、老人のようによぼよぼになり、死人のような顔色をしていた。アンハルト侯は、神に対する信仰のために苦業をして、やつれたのであった。少年ルターはアンハルト侯をじっと見つめ、その神に対する信仰の強さに感動するとともに、自分の日常生活をかえりみて深く恥じるのであった。

ルターはマグデブルクには一年滞在しただけで、父の命令によりアイゼナハの聖ゲオルク教区学校に入学し、ここで四年間を過ごした。ルターは教会や街道で歌う合唱隊にはいった。そのころ少年は、おとなになってから慈悲深い人になるために合唱隊にはいり、街頭で合唱して食物をもらうという風習があった。ルターは街頭で熱心に歌を歌った。ルターのまじめで無邪気な態度がある名家の夫人の目にとまり、その名家の手厚い保護をうけるようになった。そして名家に出入りする宗教界の人びとに接して、少なからず影響を受けた。

また学校では有能な教師に恵まれた。なかでも校長のトレボニウスは、高潔な人がらで知られていた。かれは教室にはいってくるとき、帽子をていねいにぬいで生徒たちに深く頭をさげ、それから生徒たちを見ながらいった。「ここに座っている生徒たちのなかには、将来の大臣、司教、市長、博士などがたくさんいる」と。

ルターはアイゼナハでは、よき教師と名家のあたたかい愛情につつまれてのびのびと過ごすことができた。かれは晩年になってこの町を「懐しいよき町」とよんでいる。

恵みの神をもとめて

「聖アンナよ！ 助けて下さい」

一五〇一年四月、一八歳のルターはエルフルト大学に入学し、基礎課程としての七科目、すなわち文法学・弁証学・修辞学・幾何学・天文学・地理学・音楽を学びはじめた。エルフルト大学は当時ドイツの諸大学のなかでももっとも評判の高い大学であった。ルターの父は、息子が法学を修得して、将来有能な法律家ないし行政官として活躍することを期待していた。ルターは厳格な学寮に寄宿し、そこで毎日の勉強や宗教的訓練に専心した。その結果、一五〇二年には学士（バカラーリス）になり、一五〇五年には修士（マギステル）になった。かれは修士の試験を一七人中二番の成績で通過した。ルターは基礎課程での授業を通じてアリストテレスを知り、オッカム主義[1]などの影響を受けた。かれは修士になったので神学、医学、法学のなかから法学を専攻して研究しはじめた。かれの前途は洋々たるものに思われた。

ところが一五〇五年七月、思いもかけない事件が起こり、ルターは学期なかばにして、父の期待を裏切って修道士になる道を選んだのである。それは七月のむし暑い日のことであった。ルターは自宅からエルフル

1) 一四世紀のイギリスのスコラ哲学者、ウィリアム＝オッカムとその弟子たちの唯名論的な立場をいう。

ルター時代のエルフルト

トにもどるために、シュトッテルンハイムという村のはずれを歩きつづけていた。そのとき急に暗雲が空に広がったかと思うと、雨が強く降りはじめた。まもなく雨に風がくわわってすさまじい嵐になった。ルターは歩調を速めた。突然ものすごい稲光りが光り、轟音《ごうおん》と同時にかれのそばに火の玉が落ちた。ルターは大地にたたきつけられた。その瞬間、かれはいまや神の審判が始まろうとしていることを感じ、死の恐怖におののき、思わずひざまずいて叫んだ。

「聖アンナよ[1]！　どうか助けて下さい。私は修道士になります。」

このようにしてルターの修道士になる決意は決まったのである。しかしおそらくルターの胸のなかには、早くから修道院生活へのあこがれがふくらんでいたことであろう。そのかれが、落雷という異常に緊張した事態に直面して突然霊感にとらえられ、そこに神のお召しをみ、修道院にはいることを決意したものと思われる。

七月一六日、ルターは少数の親しい友人を招いて別れの会を開いた。かれは、「きょうは君たちがわたしを見る最後だよ」と述べて別れを惜しん

1) マリアの母で鉱員、海員、貧者などの保護の聖女である。

だ。そして翌日、まるで神自身に導かれているかのように、エルフルトのアウグスチヌス隠修士会の修道院にはいったのである。かれの父は、予想もしなかった息子の修道院入りを聞いて、驚くと同時に怒った。父は、のちに二人の息子の死が修道院入りを反対したことに対する神の懲罰《ちょうばつ》であると考えるまでは、ルターと和解しようとはしなかった。

修道院生活

ルターは最初修道院長の前で修道院におけるさまざまなつとめを必ず行なうことを誓ったのち、一年間の見習いを許された。修道士は朝一時と二時の間の最初の鐘で起き、十字をきったのち白衣と肩衣を着て部屋を出、つぎの鐘の音とともに礼拝堂にはいって聖壇の前でひざまずいて祈りをささげるのであった。こうして修道院の一日は始まるのである。祈りの時間は一日七回あった。ルターは見習い修道士として祈り、労働、断食、徹夜などの新しいつとめを規則にしたがってはたした。そして一五〇六年の秋には正式の修道士になった。かれは修道院でのつとめをはたすことにますます没頭した。少量の食事、徹夜、断食などは神に仕えるためとはいえつらいことであった。しかし神のお召しを確信して修道院にはいったルターには、このようなつらいそして単調な生活はむしろふさわしいものであった。ルターはのちにかれの修道院生活をふり返って、つぎのように語っている。

「わたしが敬虔《けいけん》な修道僧であり、修道院の規約を厳格に守ったことは真実である。修道院の生活によって天国にはいれる修道僧があったら、わたしも天国に行けると思う。わたしを知っている修道僧の兄弟たちはだれでもこのことを証言してくれるだろう。わたしの修道院生活がもっと長くつづいたなら、不眠と祈り、読書と労働、その他あらゆる責務のために死んだであろう。」（『ルター自伝』　藤田訳　新教出版　一〇ページ）

修道院内のルターの部屋

一五〇七年四月、ルターは二四歳で司祭になった。そして五月二日の日曜日にはじめてのミサを執行することになった。ミサとはキリストがゴルゴタの山上でみずからを十字架の犠牲としてささげたことの継続であって、パンとブドウ酒の外観のもとにあるキリストの身体と血を、司祭の手で神にささげる重要な儀式である。ルターは初ミサの執行に父の出席をもとめて、父のつごうのよい日を選んだ。かれの父はこのとき多くの知人をつれて列席し、二〇グルデンという多額の金を献金した。

修道院の鐘の音が静寂さを破って響きわたるなかで、ミサの儀式が始まった。ルターは聖壇の前でミサの言葉を朗読した。儀式は厳粛な雰囲気のうちで進行していった。ところがルターがミサの犠牲をささげた瞬間、かれはいいようのない恐怖にとらえられた。ルターは、罪深い人間がどうして永遠の真理である神にほとんど対等の立場で語りかけることができるのか、と考えて、たえがたい恐怖心にとらえられたのであった。聖壇から逃げだしたい衝動にかられたが、かろうじて自制心によって踏みとどまり、儀式を無事に終了させた。しかしこのときからルターの心には、従来の神学に対する疑問が強まるようになり、修道院生活もけっして心の安らぎの場所ではなくなったのである。こうしてかれの心のなかで、宗教と神学への危機感が芽ばえ、恵みの神をもとめての精神的苦闘が始まるのである。

ルターはミサが終わったあと、父やほかの修道士たちと食事をしながら話し合っていた。大学時代以来会っていない父に会えたのが、とてもうれしかった。父との対話ははずんだ。ルターはふと「お父さんはわたしが修道士になるのを、どうしてあんなに激しく反対されたのですか」とたずねた。この質問は、かろうじて不満をおさえて儀式に列席していた父を怒らせた。父は反発して言った。「おまえは神のお召しを聞いたというが、悪魔の声を聞いたのではないのか。おまえたち学者は、聖書のなかに〈あなたの父と母を敬《うやま》え〉とあるのを読んだことがあるのか。」この言葉はルターにとって、痛烈な言葉であった。かれは、生涯、この言葉を忘れることができなかった。

シュタウピッツとの出会い

ヴィッテンベルクの町は人口約二五〇〇で、中世都市としても村に近い小さな町であった。選帝侯フリードリヒ賢明侯は一五〇二年この町に大学を創設し、ドイツで一流といわれたエルフルト大学やライプチヒ大学に匹敵する大学を築きあげようとしていた。この大学がヴィッテンベルク大学であった。なおこの町には城教会と町教会の二つの教会があった。一五〇八年、ルターは創設されたばかりのヴィッテンベルク大学にまねかれた。ルターを推薦したのはアウグスチヌス隠修士会のザク

修道士時代の
マルチン＝ルター

セン管区長ヨハン＝シュタウピッツであった。こうしてルターは大学でアリストテレスの講義を受けもつことになり、ヴィッテンベルクの修道院に移った。特記すべきことは、かれはこの修道院でよき師シュタウピッツと個人的接触をもつようになったことである。シュタウピッツはトマス＝アクイナスの弟子で、ドイツ神秘主義[1)]の影響を強く受けたすぐれた神学者であった。ルターはこの人を聴罪司祭として選び、かれの罪と苦悩を打ち明けては助言をこうたのであった。

その頃かれは修道士としてのつとめに励めば励むほど、ますます自己の内面に邪悪さを見いだして苦悩するのであった。そうした苦悩の末、ルターは、人間には数えあげ神に懺悔《ざんげ》できる罪だけではなくて、もっと根源的な罪、どんな罪のリストをもっても表現できない罪があるのではないか、と考えはじめていた。この根源的な罪は、人間である以上どんなことをしても、のがれることができないように思われた。またルターは、神を、「命ずることを行なえ」と人間に要求し、もしこれにそむけばその人間を罰する審判者ないし復讐者と考えていた。それゆえかれは、罪を意識すればするほど神が恐ろしかった。あるときルターは罪の意識に耐えかねて、シュタウピッツに告白した。シュタウピッツは、「あなたは愚かなんだ！神があなた

1) 中世ドイツにおいてドミニコ・フランチェスコ団などの間に行なわれた神秘思想で、代表者としてはエックハルト、タウラーなどがあげられる。

を怒っているのではなく、あなたが神に怒っているのだ」と言って、かれを慰めたといわれる。またあるときルターが、人間の運命はあらかじめ前もって決定されているという予定説に苦しみ、これを師に打ち明けた。するとシュタウピッツは、「予定説はキリストの傷によってのみ理解され、見いだされる」と忠告したといわれる。この言葉は、キリストの傷を真剣に見つめるならば、自己の救われることが予定されているかいないかという心配は、おのずから消えてしまうことを意味していたのであろう。

シュタウピッツはあたたかい心をもっていつもルターの悩みを聞き、できるかぎりの助言をあたえた。人生においてよき師、よき友人に恵まれることほど幸せなことはない。ルターは、一生涯、よき師シュタウピッツとの出会いを喜び、その助けに感謝しつづけた。しかしカトリックの立場をついにぬけでることができなかったシュタウピッツの助けは、真の信仰をもとめつづけるルターには、結局一時の心の安らぎしか与えることができなかった。

一五一〇年一一月、ルターは所属するアウグスチヌス隠修士会における紛争問題を上訴するために、もう一人の修道士に随行してローマへ向かった。この修道院での紛争がいつ起こり、ルターがどのような資格でローマへ出かけたのかはよくわかっていない。いずれにしろルターが、「永遠の都」ローマをおとずれる機会に恵まれたのを喜んだことだけは、たしかである。

ルターはローマを前にした峠を越えたとき、ローマの都を眺望して喜びのあまり、思わず「聖なるローマよ！　ばんざい！」と叫んだといわれる。ローマでは、かれは毎日のつとめをはたすかたわら、暇をみつけては大聖堂に参詣したり、聖徒たちの遺骨が残っている遺跡を拝観して歩くのであった。ローマのラテラン会堂の前には「聖階段」があった。この階段を、手と膝でよつんばいになって一段ごとに「主の祈り」をくりかえしながら登ると、本人と死者の霊魂が煉獄《れんごく》から救われるといわれていた。ルターも祖父のために、「主の祈り」をくりかえしつつはい上がった。その頂上に達したとき、かれはふと疑問を感じて、「これで霊魂が救われることをだれが知っていようか」と、つぶやいたといわれる。ルターは一か月半ローマに滞在して、翌年の四月、エルフルトに帰り、秋にはふたたびヴィッテンベルクにもどった。

塔の体験

一五一二年一〇月、ルターは神学博士の学位を贈られ、ヴィッテンベルク大学の神学部教授としてシュタウピッツの代わりに聖書の講義をすることになった。この聖書講義は、一五四五年に創世記の講義をやめるまで長年つづくことになる。かれの聖書講義のなかで、詩篇、ローマ人への手紙、ガラテヤ人への手紙、ヘブル人への手紙などは聴講の学生に深い感銘をあたえた。この聖書研究はまたルターの思想にも画期的な転回点をもたらした。すなわち、この聖書研究は、「神はキリストを通して罪深い人間を神の子として受け入れたもう」という、宗教改革の原点ともいうべき思想を形成させたのである。この福音の再発見は、「新たな義の理解」といわれる。この理解は、ルターが大学で聖書講義中の数年間のうちに、修道院の塔の書斎のなかで激しい精神的苦悶のすえ獲得されたもので、一般に「塔の体験」とよばれる。「塔の体験」がいつ起こったかということは、さまざまな説があり、断定的に述べることはできない。

ルターは聖書講義をつづけた。かれが詩篇の第二二篇に来たとき、キリストが十字架の上で言ったつぎの言葉の解釈に迷った。

「わが神、わが神、なにゆえわたしを捨てられるのですか。なにゆえ遠くはなれてわたしを助けず、わたしの嘆きの言葉を聞かれないのですか。」(詩篇 第二二篇)

この言葉はなにを意味しているのか。明らかにキリストが神に見捨てられたことを意味するのではないか。なぜ罪のないキリストが神から見捨てられ、たえがたい寂しさを感じなければならないのか。ルターはこの解答をもとめて苦しんだ。そしてつぎの答えに到達した。キリストは人間の罪悪を一身に引き受け、みずから人間の苦悩を受けたのだと。このようにキリストの生涯を理解したとき、ルターの神についての考え方が一八〇度転回したのである。そのときまでルターにとってキリストは、おそろしい審判者であり、罪人に罰をいいわたす裁判官であった。ところが十字架上で苦悩したキリストの姿は、もっともおそろしいものがもっともあわれみ深いことを示していたのである。

さらにルターに、「新たな義の理解」の把握を決定的にしたのは、使徒パウロの研究であった。というのは、パウロははっきりと「神の義」について述べていたからである。ルターは小さいときから、「神の義」を神の性質と考え、それゆえ神は、必然的に、不義な人間や罪をおかした人間を罰するおそろしい審判の神と信じていた。そのため、かれは自分の罪深さを自覚するにつれて、神をおそれ、心の平安を見いだすことができずに苦しんでいた。

ところが、ルターは、パウロの『ローマ人への手紙』の第一章一七節の「神の義は、その福音のなかに啓示され」という言葉を熟考した結果、「神の義」とは神が恩恵とあわれみによって人間を義とすることだと、確信するにいたった。そして「人が義とされるのは、律法の行ないによるのではなく、信仰によるのである」（ローマ人への手紙　第三章二八節）という言葉のなかに、その定義を見いだしたのであった。

ルターはパウロの研究を通して「新たな義の理解」に到達したとき、まるで自分が新しく生まれかわり、天国の門をくぐったかのように感じた。ルター自身、のちに、「パウロの言葉はわたしにとって天国への門となった」と語っている。こうしてルターは、宗教改革の原点ともいうべき新しいキリスト観と神についての考えを、もつようになったのであった。

宗教改革ののろし

贖宥券《しょくゆう》　一五一五年五月、ルターは修道会の総会でアウグスチヌス隠修士会の管区長代理に任命された。このことは新たに一〇の修道院の責任者となることを意味していた。いまやかれは一一の修道院の責任者、修道院の説教者、大学での講義者、教区の説教者などであり、その生活は多忙をきわめた。そして一五一五年一一月には「ローマ人への手紙」の講義を始めた。

ルターは「新たな義の理解」が信仰にとっていかに画期的意義をもつかを、まだ十分に自覚していなかった。ところが、思いもかけない事態の進行が、「新たな義の理解」の革新性を明らかにすることになった。それは、当時教会より売りだされていた贖宥券の問題であった。

贖宥とはそもそもなにを意味するのか。贖宥という言葉は、既述のごとく、ラテン語の「Indulgentia」(インドゥルゲンティア)の訳で、「大目にみる」「ゆるす」などの意である。歴史書などではしばしば免罪(符)と訳される。贖宥とは本来は煉獄《れんごく》[1]に行くことが前もって定まっている者が、みずから苦行《くぎょう》し犠牲を払うこと

1) この世で小罪をおかし、そのつぐないを完全にはたしていない霊魂が、死後、その罪がきよめられるまでとどまる罪の状態ないし罰をうける場所を意味する。

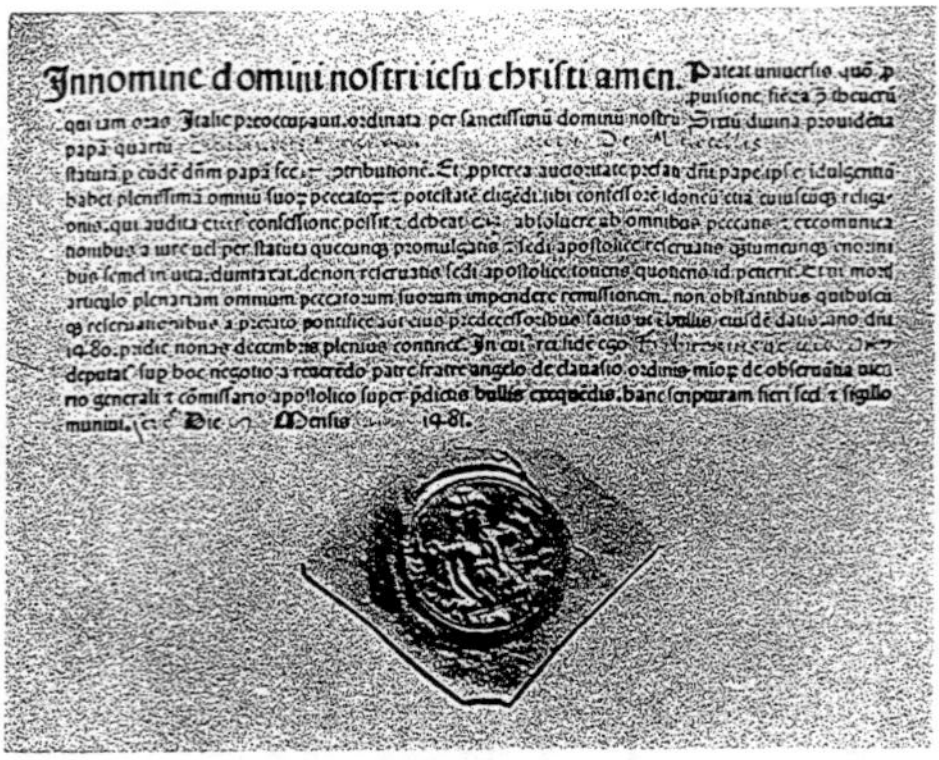

Jnnomine domini nostri iesu christi amen. Pateat universis quod p
pulsione fiera ɔ theucru
qui iam oras Italie preoccupauit. ordinata per sanctissimu dominu nostru Sixtu diuina prouidentia
papa quartu
statuta p eũde dnm papa fcc. ɔtributione. Et ppterea auctoritate pfan dni pape ipse idulgentia
habet plenissima omniu suorum peccatorum z potestate eligedi sibi confessore idoneu etia cuiuscuq religi
onis. qui audita eius confessione possit z debeat eu absoluere ab omnibus peccatis z excomunica
tionibus a iure uel per statuta quecunq promulgatis z sedi apostolice reseruatis quibuscunq emoni
bus semel in uita. dumtaxat de non reseruatis sedi apostolice totiens quotiens id pecierit. Et in mortis
articulo plenariam omnium peccatorum suorum impendere remissionem. non obstantibus quibuscu
q reseruationibus a prefato pontifice aut eius predecessoribus factis ut in bullis eiusde datis ano dni
1480. pridie nonas decembris plenius continet. In cuius rei fidem ego
deputat sup hoc negotio a reuerendo patre fratre angelo de clauasio ordinis mino de obseruantia uica
rio generali z comissario apostolico super pdictis bullis executoribus. hanc scripturam fieri feci z sigillo
muniui. Die Mensis 1481.

贖　宥　券

によって、罪の償いがゆるされることを保証する教会のはたらきを意味していた。どうして教会には、そのようなはたらきがあるのであろうか。それは、さきにものべたように、キリストや聖徒がありあまるほどの功徳《くどく》を積んで天に蓄積したので、教皇はそれを引きだして、ある特定の人に分与し、その人の罪の償いの免除を保証するのである。

贖宥の慣習は一〇世紀頃始まったといわれる。当時十字軍の兵士はその遠征中、教会を遠くはなれた場所であらゆる危険に遭遇《そうぐう》しなければならなかった。教皇は兵士のこのような状況を考慮して兵士に罪の全面的贖宥を認め、教会の祝福がなくてもたましいの平安が与えられることを約束した。その後、贖宥は煉獄にあるたましいにも適用されることになり、さらに十字軍に参加できない老人や婦女子も一定の金額を教会におさめれば全面的贖宥が認められるようになった。この贖宥は「十字軍贖宥」とよばれる。

一三世紀の末、十字軍が終わると、教会は十字軍によってもたらされる有利な財源を失ったことに気づいた。そこで、ボニファティウス八世は、キリスト紀元一三〇〇年を記念して、「聖年贖宥」をもうけた。

これは教皇庁が特別な年に全面的贖宥とその他の恩恵を与えることを意味していた。最初は、聖年に一五日間ローマに巡礼して使徒の墓におまいりすれば、罪の全面的贖宥が与えられることになっていた。はじめての聖年贖宥は大成功をおさめた。その結果、教皇庁では、百年ごとに予定していた聖年を五〇年ごとにし、ついで三三年ごとにし、一四七〇年には二五年ごとにと、期間を短縮していった。また全面的贖宥は、ローマに巡礼しなくても、その土地で一定の金額を教会に寄付すれば与えられることになった。

このようにして贖宥は、教会がその財源の窮乏をみたすのに好都合であったことと、信仰の篤《あつ》い民衆がこれを歓迎したために、ひんぱんに行なわれるようになり、やがてその弊害も顕著にあらわれるようになった。

九五か条の提題

一六世紀のはじめ、教皇ユリウス二世は芸術の愛好家であっただけに、その生活も派手《はで》であった。そのため教会は財政困難におちいり、それを救うために聖ペテロ大聖堂の建築を理由に贖宥券の販売を始めた。つぎのレオ一〇世もこの政策をひきつぎ、一五一四年にはドイツにその販路をもとめ、その管理をマインツの大司教アルブレヒトに委任した。当時スペイン、イギリス、フランスなどのように中央集権の進んだ国は、その力によって教会の諸問題について教皇から独立権をかちとっていた。それに対して領邦制のドイツでは、独立性をかちとることができなかった。それゆえローマは、贖宥券においてもドイツの諸侯に圧力をかけることができたのである。またアルブレヒトは、既述のごとく、その地位につくとき、アウグスブルクのフッガー家から借金した関係上、みずからも贖宥券の販売によって利益をうることを望み、その販売責任者としてドミニコ会修道士テッツェルを任命し、その販売を奨励した。

テッツェルは教皇の紋章のついた十字架を先頭にし、贖宥券の教皇勅書を金のビロードの上にのせ、行列をつくって町にはいり、広場にたって説教を始めるのだった。かれは教皇の偉大さを説き、煉獄におけるおそろしい刑罰などを述べたのち、声をはりあげて「おまえさんがたがお金を箱の中に投げ入れると、その音とともに霊魂は煉獄から飛びたつのだ」というのだった。テッツェルはこのような巧みな弁舌で説教することによって民衆を感動させ、贖宥券を販売して歩いた。

しかしヴィッテンベルクではテッツェルの行列は現われず、贖宥券の販売も行なわれなかった。というのは、ザクセン選帝侯フリードリヒ賢明侯は、財政上の理由から領土内での贖宥券の販売を禁止していたからである。当時贖宥券はいろいろの形式で販売されていた。選帝侯フリードリヒは、ヴィッテンベルクの城教会を巡礼地として、多数の贖宥券を販売していた。そのため選帝侯は、領土内でのテッツェルなどによる贖宥券の販売を許さなかったのである。ところが、テッツェルが領土の近くに現われると、ヴィッテンベルクの住民も国境へ行き、争って贖宥券を買いもとめるのであった。その結果、信者の間には罪そのものをおそれず、罪の罰を贖宥券によってのがれようとする傾向が強くなっていった。

ルターは教区の人びとの懺悔《ざんげ》を聞いて、贖宥券が信者にいかに悪い影響を与えているかを痛感した。かれは贖宥券の弊害に無関心でいることができず、最初は説教のとき、この販売に対して慎重にするようにと警告をした。まもなくマインツ大司教が贖宥券販売者に与えた一般的指示書を読み、そのなかに、懺悔なしに死者のために買った贖宥券も有効であるという文を見て驚かされた。もはやルターは、贖宥券の問題を見のがすことはできなかった。そこで、贖宥券について疑問と思う事項をまとめ、これを広く行なわれていた慣行にしたがって、ヴィッテンベルクの城教会の扉に、学問的討論のために掲示したのであった。これがいわゆる『九五か条の提題』である。これを掲示したのは一五一七年一〇月三一日の正午頃であった。[1)]

『九五か条の提題』のなかにはつぎのような言葉が述べられていた。

第一条、私たちの主であり師であるイエス＝キリストが「悔い改めよ……」と言われたとき、かれは信ずる者の全生涯が悔い改めであることを欲したもうたのである。

ヴィッテンベルクの城教会の扉

第八六条、もっとも富めるクラスス[2)]よりも今日では豊かな財をもつ教皇が、なぜ貧しい信者の金よりむしろ自分の金で、この聖ペトロ大聖堂一つを建てないのか。

第九五条、そしてキリスト者は、平安の保証によるよりも、むしろ多くの苦しみによって、天国にはいることを信じなければならない。(『ルター著作集』第一集より、緒方訳　聖文舎)

1) 最近、一五一七年一一月一日説を唱える神学者もいる。
2) 「クラスス」とは人名で「富める」という意味。古代ローマ世界では、富とぜいたくの典型として好んでたとえに用いられた。

ルターにとって、「悔い改め」は信仰者が生涯を通して自己の罪を悔い、罰をもとめることであった。ところが贖宥は、信者に、罪の結果の罰をのがれることができるということを保証するもので、にせの信仰を強制するだけでなく、道徳的退廃をも助長するものであった。それだけに福音を再発見したルターにとって、贖宥券の乱売は信仰にとってきわめて危険なものに思われたのである。

『提題』への反響

ルターが『提題』を掲示したのは、「贖宥の効力について」の神学的討論会が開催されることを、期待したからであった。それゆえ『提題』はラテン語で書かれていた。しかし討論を申し出る者は現われなかった。ついに神学的討論会は開催されなかった。またルターが一般的指示書の撤回を要求して、『提題』といっしょに手紙を送った二人の司教も、かれが望むような回答を寄せなかった。マインツの大司教アルブレヒトは『提題』をローマに転送したが、ローマは、ルターには回答の必要を認めず、返事を書かなかった。他方ブランデンブルクの司教ヒエロニムスは、ルターに、これ以上この問題には関係しないように勧告しただけであった。したがって、贖宥券販売の弊害を除去しようとしたルターの試みは、いずれにおいても失敗したかのようにみえた。

ところが、まもなくルターの予想しなかった事態が起こった。『提題』は筆写によって各地に伝えられ、大学を中心として普及していった。ニュールンベルクでは独訳され、一般の人びとの間に大きな反響を呼び起こすにいたった。『提題』を読んだ人びとは、そのなかにルターの強い憤りを見いだして驚いた。また教会の金銭中心のあくどいやり方に苦しんでいた人びとは、ルターの主張のなかにもえるような信仰心を見いだし、それに共鳴した。多くの人びとのこのような『提題』の理解は、ルターの真意の一面だけを強調してとらえたものであった。というのは、ルターの本来の意図は、第一には神学的討論を通じて贖宥の効力・範囲を明らかにすることであり、純粋に教義上の問題であった。第二には贖宥と教会の現状について抗議し、その改善を要請することであった。ルターは、まだ、教皇と教会の権威そのものを否定しようとは、考えていなかった。ところが、多くの人びとは、『提題』のなかに第二の面を強く感じ、ルターの主張を、贖宥そのものに対する反対の「のろし」と受けとったのである。また『提題』のなかに、こうした誤解を生ずる面があったことも事実である。『提題』は本来神学的討論を目ざしたものであるにもかかわらず、その文章は、真理を究明しようとする熱意によって激情にあふれ、その主張は鋭く大胆であった。こうして『提題』はルターの予想しなかったかたちで、ドイツ国内に普及し、大きな反響を呼び起こしたのである。しかし、『提題』の掲示は、ただちに宗教改革運動の勃発《ぼっぱつ》を意味するものではない。なぜなら当時ルターは、まだ教皇と教会に対して公然と反抗しようとする意志をもっていなかったし、贖宥そのものも否認していなかったからである。それにもかかわらず『提題』は、民衆にとって、宗教改革の序曲が始まったことを示す画期的事件であった。『九五か条の提題』は、ローマ教会の圧政に苦しむドイツ国民に、贖宥券そのものに対する反対の「のろし」とみなされ、やがてルターの神の義に対する理解の深まりとともに、教皇制と教会体制を根底から揺り動かす出発点となった。

ルターの『提題』の普及と同時に、教会側からの反撃が始まった。一五一八年一月、ドミニコ会の総会で、テッツェルの『一〇六条文』がルターへの反論として発表された。教皇はアウグスチヌス隠修士会を通じて、ルターを沈黙させようとした。その最初の機会は、一五一八年四月にハイデルベルクで開催された、アウグスチヌス隠修士会の参事会であった。ルターはこの会議に出席しなければならなかった。この頃、ルターは「一か月以内に火刑にされるだろう」などとささやかれた。実際、ハイデルベルクへの途中で殺される危険があった。ルターは勇気をもってこの会議に出席して、自己の所信を述べた。年長の人びとはルターの意見に反対したが、その場にいた若い人たちは、ルターの意見を熱狂的に歓迎した。この若い人のなかには、のちに宗教改革の指導者として有名になった数人の人もいた。

死を覚悟して

一五一八年八月七日、ルターは、ローマに出頭して異端の件について返答せよという、召喚状を受けとった。これに対して、かれはローマに出頭しないことを決心し、選帝侯にドイツで裁判を受けるようにしてほしいとの手紙を書いた。また皇帝マキシミリアンはルターの主張に立腹して、教皇にルターの活動を停止させるように要求した。八月二三日、教皇側は枢機卿カエタヌスに、ルターを異端の嫌疑で処理する権限を与えた。いまやルターは、教皇、皇帝、枢機卿に反対されて、火刑をのがれることはできないように思われた。

ルターの運命は直接の君主、選帝侯フリードリヒ賢明侯の態度にかかっていた。選帝侯は、皇帝選挙が目前にひかえているので、皇帝もローマ教皇庁もルターを強引に処分できないことを知っていた。それにかれは、ルターを処分することによって創設したばかりのヴィッテンベルク大学の信用を失うことをおそれた。またルターの友人であるゲオルク＝シュパラティンは、選帝侯に、「ルターを国内で喚問するように」と助言していた。そこで選帝侯はカエタヌスと交渉して、国会の開かれているアウグスブルクでルターに弁明の機会を与えるように要求し、承諾させた。

一五一八年九月、ルターはカエタヌスの審問をうけるためにアウグスブルクに向かった。さすがのルターも今度ばかりは火刑の危険性をひしひしと感じ、「わたしは今度は死なければならないだろう」と、殉教の覚悟をきめて出発した。ところが選帝侯の周到な警戒のおかげで、無事にアウグスブルクに到着することができた。

選帝侯フリードリヒ賢明侯

アウグスブルクでのカエタヌスとルターとの会見は、一〇月一二日から一四日までの間に三回行なわれた。カエタヌスはルターに所説の撤回を要求した。これに対してルターは、相手に、自分の主張の誤りを指摘することをもとめた。まもなく両者の見解は対立し、はげしい論争になった。この会見で、ルターは教皇が誤謬《ごびゅう》をおかすことを指摘し、聖書に基づいてかれの所説を述べた。ついに会談は決裂し、カエタヌスは「〈私は自説を取り消します〉というつもりがないなら出ていけ‼」となった。そのあとカエタヌスはシュタウピッツと食事をし、かれにルターを説得するように頼んだ。しかしシュタウピッツは、「私はとてもルターを説得することなどできません」と断わった。こうして、教皇庁のルター処分の第一段階は失敗した。

まもなくカエタヌスがルターを逮捕するらしいとのうわさが流れた。ルターはその情報を聞いて、夜中ひそかにアウグスブルクを脱出した。その直後、カエタヌスは選帝侯にアウグスブルクでの会談の報告の手紙を送って、ルターをローマへ送るか、またはかれの領地から追放するか、どちらかを行なうよう要求した。選帝侯はキリスト者としての義務をどのようにしてはたすかと迷ったのち、ルターがまだ異端とも有罪とも決定されていない以上、ローマに送ることも追放することもできないと返答した。選帝侯は、こうして、ルターを強制的にひきわたすことを拒絶した。かれは熱心なカトリックの信者であり、表面的にはルターに味方しなかったが、結果的にはつねにルターを保護したのであった。ルターはヴィッテンベルクを立ち去るつもりであったが、選帝侯の勧告により脱出を中止した。

ローマとの対決

ライプチヒ討論

一五一九年一月、ローマ教皇はカール＝フォン＝ミルティッツを調停者として選び、「黄金のバラ」をフリードリヒ賢明侯におくり、ルターを当分の間沈黙させるようにとの融和政策をとった。まもなく一月一二日皇帝マキシミリアンが死んだ。神聖ローマ皇帝にだれが選ばれるかは重大な政治問題であり、マキシミリアンの生存中から話題になっていた。後継者の候補としてはスペイン王のカール一世とフランスのフランソワ一世が有力であった。この両者は皇帝になるために選挙権をもつ選帝侯にあらゆる手段で働きかけていた。ローマ教皇庁もローマの利害という点から皇帝選挙に深い関心を示していた。それゆえ教皇庁はルターを許すつもりは全然なかったが、ドイツの有力な選帝侯フリードリヒ賢明侯とは慎重に折衝しなければならなかった。このような政治情勢こそルターが、『提題』を発表して以来ほとんど四年間にわたって、処刑されることもなく活躍できた大きな原因の一つであった。

ルターはアルテンブルクでもミルティッツと会見した。両者の間で贖宥券問題は自然消滅にまかせることなどが決められた。ルターは教皇側がこの協定を守るかぎり、相手側を攻撃しないことを約束した。そこでミルティッツは、ルターの裁判をトゥリールの大司教の手にゆだねるよう教皇に進言することを約束した。しかしこの協定は取り決めをしたとき、すでに無効になっていた。というのは、教皇側のヨハン＝エックが、ルターの同僚カールシュタットに反対する形式でルターに攻撃をあびせていたからである。エックはインゴルシュタット大学の教授で、異常なほどの記憶力と鋭い思考力をもった人物で、専門の論争家であった。かれはライプチヒ大学の保護者であるゲオルク公を説得し、ライプチヒでカールシュタットと論争することを同意させた。当時諸大学もルター事件にまきこまれていた。ヴィッテンベルク大学はルターに好意的であった。教授のなかでもカールシュタットとメランヒトンは、ルターの教義を積極的に支持していた。カールシュタットはルターの先輩で博学であったが、激情家で論争などではひどく興奮する傾向があった。他方メランヒトンは若年であったが、ギリシア語の権威としてヨーロッパ中に知られていた。

一五一九年六月、ルターはエックと論争するために、カールシュタット、メランヒトンなどとともにライプチヒに向かった。六月二八日には皇帝選挙でスペイン王カール一世が当選し、神聖ローマ皇帝カール五世と称した。

ライプチヒでの討論会が始まった。最初の数日間、エックとカールシュタットとが「人間の堕落」について討論した。七月四日から一四日までの間、ルターは自説の弁明をすると同時に、教皇の首位権についてエックと討論した。エックは巧みな議論で、ルターが教会の反逆者であるヨハン＝フス[1]と同じ立場にたって

1) フス（一三七〇頃～一四一五年）は、チェコの教会改革者。ウィクリフの影響を受け、救霊予定説を唱え、聖職者の世俗化に反対し、破門された。コンスタンツの宗教会議に出席して焚刑に処せられた。今日でもチェコの殉教者、国民的英雄として尊敬されている。

いることを指摘した。ルターは「わたしはボヘミヤ主義者ではない」と返答した。しかしルターには、フスの主張がよくわからなかった。それで休憩の間に大学の図書館に行き、フスに有罪を宣告したコンスタンツ会議の報告を読んだ。驚いたことには、そこにはルターと共通の主張がみられた。

つぎの討論のときルターは叫んだ。「ヨハン＝フスの主張のなかには明らかに福音的なものがある」と。そしてルターはさらに公会議も誤ることがありうるし、そして実際誤ってきたと言明した。討論会は長い間つづいた。ゲオルク公が中止させてようやく討論会は終わった。どちらが勝ったともいえなかった。エックはすばらしい記憶力と巧みな弁舌でルターを圧倒したし、ルターは聖書についてははるかにエックよりまさっていた。この討論会はルターと教皇との和解が不可能なことを決定的に示したものであった。ライプチヒの討論の様子はドイツ中に伝えられた。ルターはこの討論によって、ドイツでもっとも有名な人物になったのである。

ドイツ人文主義

ルターがドイツの英雄とみなされるようになったのは、ライプチヒでの討論ののちであった。ライプチヒでの討論がルターの人気を一層高めたことは事実であるが、その素地となったのは、かれの著書の普及であったと思われる。バーゼルの出版者ヨハン＝フロベンは『九五か条の提題』『提題の解説』などを一巻にして出版した。著書はまたたくうちに売れたらしい。この著書は国内ばかりでなく、フランスのパリにももち去られ、ルターを国際的な著名人にした。

こうしてルターは、急速に宗教改革を目ざす指導者の旗頭となった。この当時ドイツには、教皇庁と利害的に対立していた二つのグループがあった。このグループとは人文主義者と国家主義者であった。ルターはローマとの決裂が明らかになるにつれて、これらの運動と結びつかざるをえなかった。

一五世紀から一六世紀の初頭にかけて、イタリア＝ルネサンスの凋落《ちょうらく》とともに、ルネサンス運動はアルプスを越えてフランス、イギリス、ドイツなどの国ぐにに波及していった。これらの国ぐにでの人文主義を総称して、北欧人文主義（あるいは北欧ルネサンス）という。北欧人文主義は時期的にはイタリアのそれよりも一〜二世紀遅れ、その期間も短く、その運動はほとんど宗教改革の運動といっしょに展開された。その特色としては、㈠熱狂的に古典を模倣せず、批判的にそれを読み、そこから世界観、人生観を謙虚に学ぼうとしたこと、㈡ローマ教会に批判的態度をもっていたこと、㈢いちじるしく倫理的・宗教的傾向が強く、敬虔的であったこと、などがあげられる。これらの特色から理解されるように、北欧人文主義は宗教的ヒューマニズムともいうべき傾向をおび、少なからず宗教改革運動の先駆としての役割をはたしたのである。北欧人文主義の代表者としては、オランダのロッテルダム生まれのエラスムスと、イギリスのトマス＝モアがあげられる。前者は一五〇九年に『痴愚神礼讃』を、後者は一五一六年に『ユートピア』を出版して人びとに多大な影響を与えた。この両書は、当時の社会体制とそのもとでゆれ動く人間に対する痛烈な諷刺をふくむことと、宗教改革者にはみられない希望と陽気な大胆さとをふくんでいることで共通している。

北欧人文主義のなかでもドイツ人文主義の特色の一つは古典研究に基づく聖書および教父の正しい研究を

促したことである。その代表者としてはムチアヌス゠ルーフス・ヨハン゠ロイヒリン・メランヒトン・エラスムスなどがあげられる。

メランヒトンは一五一八年八月、二一歳の若さでギリシア語教授としてヴィッテンベルクに赴任して以来、ルターと深い人格的交わりを結んだ。かれは古典語を身につけた人文主義者であったが、ルターの福音の教えに感化されて宗教改革者となり、ルターと協力して福音主義のために身命をささげて奉仕した。メランヒトンは生涯宗教改革の原理を人文主義的学識でもって根拠づけ、ルターの福音主義に神学的根拠と確固たる組織を与えようと努力しつづけた。かれはルターのよき理解者であり、支持者であり、協力者であった。

またドイツ人文主義に絶大な影響力をもっていたのは、エラスムスであった。かれは『痴愚神礼讃』でヨーロッパ中に知られ、一五一六年にはギリシア語の新約聖書を出版し、国際的教養人としてドイツ人の尊敬を集めていた。かれは古代の復興を目ざす古典主義と聖書研究に基づくキリスト教との統一を、究極的な目標と考えていた。

ルターが一五一七年『九五か条の提題』をかかげて突然ドイツ史に登場したときは、ドイツ人文主義の全盛期であった。またエラスムスの名声が最高潮に達した時期であった。

フィリップ゠メランヒトン

ルターの宗教改革運動に共鳴し、ルターと共同戦線をはった第二のグループは、国家主義者たちであった。

国家主義者たち

当時ドイツではイギリス、フランス、スペインなどとちがって国家統一が遅れ、中央集権の政府が存在していなかった。それゆえ人文主義の影響などによって目ざめた人びとは、ドイツの理想像をえがき、その実現をなんらかのかたちで目ざしていた。また文学などもしだいに愛国主義的傾向をもつようになった。その結果、多くの人びとは、一方ではフランスに対してあこがれをもつと同時に対抗心をもつようになり、他方ではドイツ人から贖宥券などで金をまきあげるローマ教会に対して強い敵意をもつようになった。これらの国家主義の運動を推進し、数年間ではあるがルターの宗教改革を擁護したのが、ウルリッヒ＝フォン＝フッテンとフランツ＝フォン＝ジッキンゲンであった。フッテンはヘッセンの騎士出身で、最初はエラスムスに傾倒してロイヒリンを弁護し、ドイツ人文主義のために活躍した。かれは血の気の多い性格で、「俺はそれに賭ける」というのが口癖であった。フッテンは最初ライプチヒでの討論の話を聞いて、「修道士どものけんか」ぐらいに思っていた。しかしまもなく、ルターがローマ教会を批判する主張に共鳴するにいたった。フッテンは人文主義を通じてドイツの理想像をえがき、ドイツをローマから解放することを自己の使命と信じていた。それゆえ、教皇庁に対して苛責《かしゃく》のない非難を投げかけては、ドイツ国民に

フッテン

愛国心をふるいたたせた。かれは、「ローマでは三つのものが売られている、キリストと司祭者と女である」と、ローマ教会の腐敗を非難した。フッテンはドイツをローマから解放するために、最初は皇帝マキシミリアンに期待し、最後はジッキンゲンと手を組んでその計画を遂行したが失敗した。

またジッキンゲンは、ライン地方の有力な帝国騎士であった。帝国騎士とは諸侯に仕えず、直接皇帝に仕える騎士のことである。かれは騎士道のはなやかなりし時代が忘れられず、騎士階級を中心にしてもう一度昔の栄華を再現しようと望んでいた。また常に弱い者やしいたげられた者の味方と称して、それらの人びとの擁護《ようご》につくした。かれはフッテンや宗教改革者を城にかくまったり、ルターに保護を申し出たりした。まもなくジッキンゲンは、教会の財産没収、諸侯の打倒などを説くフッテンの主張にしたがって、一五二二年トゥリールの大司教に対して戦いをいどみ、「騎士戦争」を起こした。だがかれはトゥリール市を攻め落すことができず、わずか一週間で兵をひきあげざるをえなかった。翌年の春、諸侯たちはジッキンゲンの城を攻め、これをうち破った。ジッキンゲンの敗死は、ドイツ諸侯の騎士階級に対する決定的な勝利を意味していた。

ルターはローマとの対決という点で、これらの国家主義者たちと同じ道を歩き、その影響を受けたが、国家主義者たちと決定的な点で異なっていた。だからかれは、フッテンやジッキンゲンに対して、不信の態度を捨てることはできなかった。

破門大教書の表紙

破門威嚇の大教書

ローマ教皇庁は政治情勢のためにルターに対して融和政策をとったが、ライプチヒでの討論後、ふたたびルターの事件をとりあげはじめた。まず最初には、アウグスチヌス派隠修士会を通して、ルターに対して説得が試みられた。シュタウピッツに「ルターがローマ教会と贖宥券を非難し、執筆することをやめるように勧告してほしい」という圧力がくわえられた。シュタウピッツはこの訴えをふたたびしりぞけ、職を辞任してその責任をとった。他方教皇庁は、選帝侯フリードリヒ賢明侯を通じて、ルターを沈黙させようとした。しかし選帝侯は、「この問題はトゥリールの大司教にまかせてある」と答えて、とりあげなかった。これらの二つの試みはいずれも失敗に終わった。

一五二〇年五月、教皇出席の枢機卿会議が開かれた。そこにはドミニコ会、フランチェスコ会、アウグスチヌス会の代表者が出席し、エックも出席していた。ここでルターの所説と著書と身がらをどうするかが議論された。活発な討議が行なわれたらしい。結局、いろいろな意見を妥協した結果として、ルターには今後陳述を許さないが、自己の誤りを認めるために六〇日の猶予を与えることになった。またルターの四一の提題を異端的とみなすことが決定された。

一五二〇年六月一五日、教皇レオ一〇世はルターに破門威嚇《いかく》の大教書を発した。その教書は、「主よ、起きて、主の事件をさばいて下さい。一四のいのししが主のぶどう園に侵入しました」で始まっていた。この勅書は決定的な制裁を意味していなかったが、もしルターが教会に服従しないならば、制裁をまもなく実行するという破門威嚇書であった。

ローマが破門威嚇の大教書を決定したというニュースは、ルターに深い苦悩と動揺を与えた。いまやルターの運命は、一歩一歩死に近づいていくように思われた。ルターはあるときは動揺してだれかの保護にたよることを考えたが、またあるときは脅迫心《きょうはく》をほとんど感ぜず、むしろ自分が神の近くにあるように感じた。このときジッキンゲンと百人の騎士から、「ルターを保護したい」という申し出がなされた。ルターはその申し出に迷ったが、結局は主にたよることにし、この申し出を断わった。

ライプチヒでの討論後、ルターは教皇制と教会体制に対してますます疑惑を深め、聖書の権威を第一とする自己の立場がローマ教会とは妥協できないのではないかと感じはじめていた。それで多忙な職務の間に、かれは聖書と教会史の研究に没頭した。こうして一五一九年から一五二〇年にかけて、文筆活動に専念したのである。この時期は、また、ルターが宗教改革の必要性を認識しはじめたときでもあり、いくつかのすぐれた著書が書かれた。まず『ライプチヒで討論された命題に関する解説』『死への準備についての説教』『利子についての説教』などが書かれ、一五二〇年五月には『善きわざについて』を出版した。つづいて八月中旬には『キリスト教界の改善に関して、ドイツのキリスト者貴族に与える書』を出版し、一〇月には

『教会のバビロン幽囚』を、一一月には名著『キリスト者の自由』を出版した。後者の三つの著書が、いわゆる宗教改革の三大文書とよばれるもので、ルターの福音主義の立場をもっともよく示すものである。

宗教改革の三大文書

一五二〇年はドイツの宗教改革にとって、決定的に重要な年であった。この年は、第一にルターが宗教改革の三大文書を発表し、第二に教皇の破門威嚇書を教会法令集などとともに火に投じて、ドイツ国民に宗教改革運動への決意を公然と示したときであった。このことによって宗教改革運動は広い国民的基盤のうえに結集され、進展することになったのである。このことから明らかなように、宗教改革の三大文書はルターの改革思想を知るうえで画期的な意義をもつ著書である。この三大文書は、教会の改革を目ざす点と、「信仰によってのみ義とされる」という基本的原則では共通しているが、それぞれの中心問題ないし性格が異なるので、出版の順序にしたがってごく簡単にその内容を述べよう。

『ドイツのキリスト者貴族に与える書』

この書はローマ教会の権力をささえている三つの原理を鋭く批判し、さらにそこから生ずる弊害をとりあげ、それらを批判すると同時に改革の具体的方針を個々の問題について述べている。それゆえこの書は宗教改革の檄文《げき》であり、改革運動の進軍ラッパであった。ルターは改革の必要を、つぎのような言葉でドイツ国民によびかけている。「愛するドイツ人よ、わたしたちは目ざめようではないか。またわたしたちはカトリック教徒の恥ずべき悪魔的な支配によって、悲惨にも失われるすべての気の毒な人びとの仲間入りをしないために、人をおそれるよりも神をもっと畏《おそ》れようではないか。」（『ルター著作集2』二六ページ）

『教会のバビロン幽囚』

本書は神学者を対象として書かれたので、『ドイツのキリスト者貴族に与える書』ほど表面的には扇動的な調子では書かれていない。しかしルターは、この書で、ローマ教会の根本的教理であるサクラメント[1)]を攻撃しており、その意味では三大改革文書中でもっとも急進的なものであった。だからエラムスムはこの書を読んで、「ルターはもうローマ教会とは和解できない」と叫んだといわれる。また英国王ヘンリー八世をはじめとして、当時の神学者たちは、この書をきわめて危険な著書と評価していた。というのは、ローマ教会は神の恩恵を与える秘跡《ひせき》とそれを執行する聖職者の特権から成立しており、秘跡という教理の変更は、ただちに従来の教会制度の崩壊を意味していたからである。

『キリスト者の自由』

この書は前記の二書と成立事情が異なっており、語調も静かで、同一人物が執筆したとは思われないほどである。ルターはこの書で、心の奥底からあふれでるかれの信仰を告白し、福音主義の神髄を明らかにしている。それゆえ、この書は、当時におけるルターの信仰思想をもっともよく示すものであり、かつその格調の高さからいっても、もっともすぐれた著作といえよう。ルターはこの書で「キリスト者とは何であるか」

1) この語はカトリックでは秘跡、プロテスタンティズムでは聖礼典、ないし礼典と訳され、内容にも相異がある。

という問題を提出し、つぎのように要約している。「キリスト者はすべてのものの上に立つ自由な君主であって、何人にも従属しない。キリスト者はすべてのものに奉仕する僕《しもべ》であって、何人にも従属する」と。（石原訳　岩波文庫二ページ）

宗教改革の三大文書については思想編でくわしく解説する。

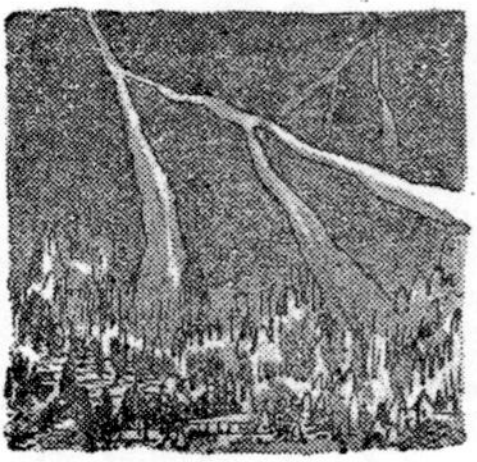

宗教改革運動の進展

破門威嚇の大教書を焼く　ルターが破門威嚇の大教書を受け取るまえに、教皇の大教書は公布されはじめた。まずローマでルターの著書が焼かれた。ドイツにおける公布は、エックと教皇使節ジロラモ＝アレアンダーとにまかせられた。しかし二人の使節はその仕事の遂行にあたって、さまざまな妨害に直面しなければならなかった。ドイツの南部や東部では人びとは妨害政策をとり、大教書の公布を妨げたし、西部でも大教書の公布はたいして成功をおさめることはできなかった。ヴィッテンベルク大学は、この公布を、論争を一方的に片づける不当なやり方であると抗議した。また諸侯のなかにも、教書の公布が暴動などをひき起こす可能性のあることを知って、遺憾《いかん》の意を表する者があった。

まもなくルターは、大教書を受け取った。かれはそれを読んで、この書はキリスト自身を罪に定めていると感じ、教皇を反キリストだと確信するにいたった。また一時ルターは、この教書はにせものかもしれないと考えたりもした。いずれにしろ、この教書は、ルターにとって不敬虔、瀆神《とくしん》、偽善、無知にあふれているものであり、悪魔のしわざとしか思えなかった。

この大教書は、ルターに、受け取ってから六〇日間の猶予を与えていた。この期限がきれる頃、メランヒトンは、ルターに代わって、ヴィッテンベルク大学の教授や学生に、一二月一〇日午前九時エルスター門の前に集合するようにとの掲示をだした。

一五二〇年一二月一〇日、ヴィッテンベルクのエルスター門の広場に教授や学生たちが集まった。ルターはここで、教皇の大教書を焼くことを宣言して、自己の立場を表明したのである。薪に火がつけられた。ルターは大教書と教会法令集などを火に投じた。他の人びとは、スコラ神学の著書やエックなどの書を火に投じた。学生たちは、ルターの毅然《きぜん》たる態度に感激した。かれらは、教授たちが帰宅したあとでも、教皇庁をあざわらう歌を合唱し、贖宥券を剣に刺して町のなかを歩きまわった。こうしてルターは、大教書が述べている判決をなんのためらいもなく受ける決意を表明したのであった。

もはや正式の破門は避けることができなかった。問題は皇帝がどんな刑罰をくだすかであった。このとき選帝侯フリードリヒ賢明侯は、ルターの弁明をかってで、皇帝カール五世にドイツの慣行にしたがって処分するように頼んだ。皇帝はルター事件を手早く片づけたかった。しかし教皇がカール五世とライバル関係にあるフランソワ一世と連合する可能性も考えた。いろいろと迷ったのち、「ルターを国会において再審査せよ」という、国会による要求に屈して、ルターを国会に出頭させることに同意した。

一五二一年一月三日、ルターに対して破門状が発せられた。それにつづいて教皇レオ一〇世は、皇帝カール五世に、ルターを帝国追放刑にするように要請した。また三月六日には、皇帝はルターに正式の召喚《しょうかん》状を発行した。

ヴォルムス国会

ルターは召喚状を受け取ると、ただちにヴォルムスへ行く決心をした。このことは非常な危険を意味していた。というのは、ルターがヴォルムスで自説を取り消さないと、ヨハン＝フスと同様に処刑される可能性が強かったからである。ルターの知人たちは、フスの例をひいて、行くことをやめさせようとした。しかしルターは、「わたしは暴力によってとめられるか、皇帝が召喚を取り消すかしないかぎり、キリストのみこころのままにヴォルムスへ行く」と述べて、その決意をかえなかった。

一五二一年四月二日、ルターは同僚数人とともに二輪馬車に乗って、ヴォルムスへ向かった。途中で多くの人びとが、ルターの一行を歓迎した。ドイツ国民のほとんどが、ルターに関心をもっていたのである。四月一六日、ルターの一行は、百人の騎士に守られてヴォルムスに到着した。二〇〇〇人もの人びとが、ルターを見るために集まったといわれる。

四月一七日、ルターは国会に出頭を命ぜられた。審問が始まった。トゥリールの大司教区の審問官が、ルターに積み重ねた著書をさして、「これはあなたの著書か」とたずねた。ルターは低い声で、「それらの著書は私のものです」と答えた。審問官は「あなたは著書の内容のすべてを擁護するか、それとも一部分否認するか」と審問をつづけた。ルターは一瞬迷った。それで、「この問題は神と神の言葉に関係し、霊魂の救いに影響を及ぼすことです。それゆえ言いすぎても言うことが少なすぎてもいけません。お願いします。わたしにそれを考える時間を与えて下さい」と答えた。皇帝と国会は驚きつつも、この要求を検討した。皇帝は寛大にも翌日まで猶予を与えることに同意した。こうしてルターは、自説を弁明する機会をもつことになったのである。

四月一八日、午後六時、ふたたび審問が始まった。審問官によって前日の質問がくりかえされた。ルターは、かれの著書をつぎの三種類にわけて所信を述べた。「第一の種類の著書は信仰について述べたもので、その内容を取り消すことは福音を否認することで、わたしにはできません。第二のものは教会の堕落《だらく》を非難したもので、もしこれを取り消すならば、いっそうの暴虐《ぼうぎゃく》と不敬虔を認めることになりますので、到底できません。第三のものは個人との論争についての著書です。わたしはこの点ではしばしば苛酷《かこく》であったことを認めます。しかしこれを取り消すことは、相手をますます助長させることになるので、否認することはできません。」ルターは相当長く弁明した。これに対して審問官は、「あなたはこれらの著書の内容を否認するのか、しないのか、率直に言ってほしい」とたずねた。ルターは皇帝と諸侯たちの前で断固《だんこ》としてつぎのように答えた。

「わたしは、聖書と明白な理性に基づいて説得されないかぎり、自説を取り消すことはできません。……わたしの良心は神と神の言葉にしばられているのです。わたしはなにも取り消すことができないし、また取り消そうとも思いません。なぜならわたしが良心にそむいて行動することは危険ですし、また正しくないからです。[1] 神よ、わたしを助けたまえ。アーメン。」

このようにして、ヴォルムスでのルターの審問は終わった。このときルターは、多くのドイツ国民の支持を受けていた。このヴォルムスの国会は、かれの生涯の絶頂のときでもあった。翌日皇帝カールはみずから判決文を起草し、ルターに異端を宣告した。ヴォルムスの勅令は国会の閉会後発布された。その勅令には、「ルターは自由意志を否定する異教徒であり、かれの教義は騒乱・戦争・殺人・キリスト教界の崩壊などに寄与する。……なんぴともルターをかくまってはならない。またかれに従う者も罪に定められる。かれの著書も人びととの記憶から根こそぎにされなければならない」などのことが記されていた。

当時の人びとには、ルターが国会に召喚され、審問の機会を与えられたことは、驚きであった。またルターがその審問において自説を取り消さないで、堂々と弁明したことは、それ以上に驚くべきことであった。このようなことは中世において類例のないことであった。だからある人びとは、ヴォルムスにおけるルターの審問を、キリスト受難の再演だと考えたりした。ルターをキリスト、選帝侯フリードリヒをペテロ、皇帝カールを総督ピラトなどと見たてるのであった。このような類推は、二〇世紀のわたしたちにとってはまったく想像もつかないことであるが、当時の社会においては、ごく普通のことであった。いいかえれば、世は動いていたとはいえ、まだ、それほど、ローマ教会や、それを精神的支柱とする皇帝・諸侯などの権力は、強かったのである。こうした社会状況を考慮すると、ルターがローマ教会と対決したことがどんなに危険なこ

1) このあとで「私はここに立っている。私はこのほか何事もなすことができない。」という有名な言葉を述べたともいわれる。

とであり、画期的なことであったかが、少しは想像できるであろう。

ヴァルトブルク城にて

四月二六日、ルターはヴォルムスを出発して帰途についた。皇帝は、ルターが途中で説教したり執筆したりしないという条件をつけて、旅行保証書を与えた。しかしルターの生命が途中で危険にさらされることは、明らかであった。それで選帝侯は、途中でルターを捕えてかくまう決意をした。ルターがメーラ村の親戚をたずねて一泊し、数人の仲間と共にアイゼナハの村はずれにきたとき、一群の武装した騎士が森から現われた。ルターは敵かもしれないと思って、聖書をしっかりと握りしめた。騎士たちは「ルターであるか」と荒々しくたずね、激しくののしりながらルターを馬車からひきずりおろし、馬にのせてつれ去った。馬車の見えないところにきたとき、騎士たちはフリードリヒ賢明侯の使いの者であることを告げ、数時間あちこち歩いたのち、ヴァルトブルク城に到着した。ここでルターは修道士服をぬいで騎士の服装をし、名まえもゲオルクと名のることになった。というのは、ヴォルムスの勅令が発布され、いまやルターは追放の刑を宣告され、法律の保護を失っていたからである。「ルター誘拐《ゆうかい》される」とのうわさは国じゅうにひろまり、ルターを支持していた多くの人びとを悲しませた。まもなく「ルターは生きているらしい」とのうわさがながれ、それらの人びとをほっとさせたのであった。

ヴァルトブルク城は壕《ほり》をめぐらし吊《つり》橋でもって守られている堅固な要塞で、かつゴシック風の美しい古城であった。この城は、かつて騎士道がはなやかな時代に、諸侯、騎士、吟遊《ぎんゆう》詩人などが集まって詩や技《わざ》をきそったところでもあった。また小鳥のさえずりが絶えることなく聞こえる、自然の世界でもあった。

しかし、福音を伝える任務をもつルターには、ここでの生活は、あまりにものどかで静かすぎた。それに病気（胃腸病と不眠症）がますます悪化して、かれを苦しめた。ルターの不眠症は、修道院におけるきびしいつとめの結果であるといわれている。

ルターは、最初、なにをしても空虚で寂しさをのがれることができなかった。そしてこの孤独な生活のなかで、いたるところに悪魔の姿を見いだすのだった。あるときルターは、書斎で聖書を読んでいたとき、突然壁のところに悪魔を見つけ、それにインキ壺《つぼ》を投げつけたとも伝えられている。また番人が気ばらしに狩りにつれていくと、ルターは犬がうさぎを殺すのを見て、「まるで教皇と悪魔がわたしたちを取り扱うのと同じだ」と言っておびえるのだった。かれはヴォルムスでの激しい精神的苦闘の疲労と病気の悪化により、この自然世界のなかで幻想や妄想に悩まされる日々を過ごさなければならなかった。

しかしルターは、神に対する確固たる信仰をもってこの苦難に耐え、仕事のなかに慰めを見いだしたのである。こうしてヴァルトブルク城に滞在中の一〇か月の間に、かれは多くの説教集を書き、修道院生活についての論文

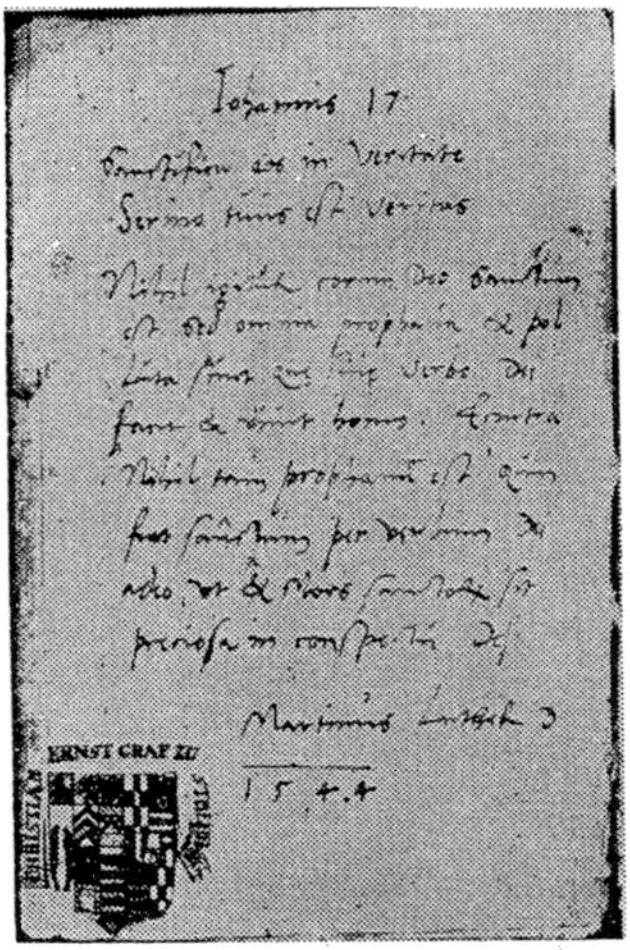

マルチン＝ルターの自筆

を書いた。なかでも画期的なことは、新約聖書をドイツ語に翻訳したことである。このドイツ語訳聖書の普及は、人びとにルターの改革運動の目的と意義とを明らかにさせたばかりでなく、かれらの心にキリスト教の真の信仰を芽ばえさせるのに役だった。またこの聖書は近代ドイツ語の基礎となり、その後数世紀の間、近代ドイツ語の形成と精神文化の領域とに大きな影響を与えた。この新約聖書は一五二二年九月に出版されたので「九月聖書」とよばれる。

宗教改革運動の勃発

ルターがヴァルトブルク城に滞在中、ヴィッテンベルクでは画期的なできごとが起こった。それは宗教改革の運動が勃発したことである。ルターの同調者たちが、福音主義の立場に基づいて具体的な改革運動を始めたことである。たしかにルターが提案してきた具体的改革は、『九五か条の提題』における贖宥券への攻撃を除けば、まだなにも行なわれず、一般の人びとの生活にはなんの変化も与えていなかった。それゆえルターは、最初ヴィッテンベルクにおける諸改革の動きを、ヴァルトブルク城で支持した。ヴィッテンベルクでの指導者は、カールシュタットとメランヒトンとアウグスチヌス隠修士会のガブリエル＝ツヴィリンクであった。これらの指導者は、福音主義の立場から、司祭の生活、礼拝などを改革し、聖徒たちの絵画や彫刻などを取りはずすことに着手した。まず最初に、司祭や修道士の結婚が認められた。ルターはすでに『バビロンの幽囚』と『ドイツのキリスト者貴族に与える書』のなかで、結婚は神が制定したものであり、司祭が結婚することは神の意にかなうことだと主張していた。

司祭たちが結婚を始めた。カールシュタット自身も結婚した。ルターはカールシュタットが司祭兼修道士であっただけに、この通知にはびっくりした。またツヴィリンクが激烈な調子で修道院の攻撃をしたので、修道士が修道院を去りはじめた。

つぎに礼拝の改革が行なわれた。ミサのぶどう酒が平信徒にも与えられることになり、司祭は礼服を着ないで平服で礼拝を執行した。またミサの一部がラテン語ではなくドイツ語で唱えられた。ルターはすでに『バビロンの幽囚』のなかで、ミサは神に犠牲をささげることではなく、神への感謝であり、信者の交わりであると主張して、神学的基礎づけをしていた。

まもなくこれらの改革運動は、急進的なカールシュタットの指導により、暴動化するにいたった。聖徒の画像や彫刻がこわされ、ミサを執行する修道士は学生などに石を投げられた。

一五二一年一二月二五日、カールシュタットは、ヴィッテンベルクの教会で、多数の人びとが出席するなかでミサを執行した。かれはミサの礼服を着ないで普通の服装で、ラテン語をドイツ語に変えて儀式を行なった。ヴィッテンベルクの市会は、カールシュタットの指導のもとで「市条令」を発布した。それによれば、ミサはカールシュタットが行なったように執行されることになり、物ごいは禁止され、修道院の財産は教会の維持と貧民の救済にあてられることになった。ツヴィリンクは聖徒の画像や彫刻の破壊を奨励した。このころ、熱狂的な預言者がツヴィカウからヴィッテンベルクにやってきた。この預言者たちは、神よりの直接的啓示を告げ、聖書を必要とみなさなかった。そして熱狂的な信仰によって、他の人びとを虐殺して神の王国を建設することを説いた。ヴィッテンベルクには騒然とした雰囲気がみなぎっていた。選帝侯はこうした情勢に困惑し、急激な改革を中止するように指令し、カールシュタットに、かれのいっさいの説教の禁止を申しわたした。カールシュタットはこれに同意し、ツヴィリンクもヴィッテンベルクを去った。穏健なメランヒトンはカールシュタットなどのあまりにも激しい改革に驚き、ただおびえていた。市会はどうしたらよいか迷ったのち、ルターにヴァルドブルクから帰ることを要請した。選帝侯はこの話を聞いて、帝国追放刑に処せられたルターが隠れ家をでることは危険だと警告して、思いとどまらせようとした。しかしルターは市会の要請を神のお召しと信じ、危険を覚悟のうえで帰ることを決意した。かれは選帝侯につぎのような手紙を書いてその決意を告げた。「わたしは殿下の保護よりももっとすぐれた保護のもとにヴィッテンベルクに帰ることをお知らせします。わたしは殿下がわたしを保護してくださった以上に、殿下を保護しようと思います。……これは剣の問題ではなく神の問題です」

一五二二年三月、ルターはヴィッテンベルクに帰り、熱狂主義者と画像などの破壊とに反対して、忍耐と博愛について説教した。一週間説教をつづけた。ルターはようやく人びとの動揺を静め、ヴィッテンベルクに秩序を回復することに成功した。

敵対者たち

ヴォルムスの国会でルターに帝国追放令が宣告されたことから、一五二二年二月にはザクセンのゲオルク公が、領内におけるルターの著書の売買や所有を禁止した。ゲオルク公はルターの異端を強く主張していたし、イギリスのヘンリー八世もルターを異端視し、かれを非難していた。またかつてルターを支持し弁護したエラスムスも、教皇ハドリアヌス六世などに促されて、ルターと対決するにいたった。一五二四年六月、カトリック諸侯はレーゲンスブルクに集まって、ヴォルムス勅令を厳格に遂行することを誓い合った。これは反宗教改革の発端であった。いまや教皇側のルターに対する敵意は、あからさまにあらわれるにいたった。

ルターにとって、敵は、教皇側の勢力だけではなかった。ヴィッテンベルクでの暴動はようやく落ち着いたものの、暴動の原因は依然として残っていた。ルターに同調した人びとのなかからは、まだ、急進主義的傾向は消えていなかった。いやむしろ強まっていた。その急進的運動の指導者は、カールシュタットとミュンツァーであった。また、同じ福音主義を唱えながらも、チューリッヒのツヴィングリと再洗礼主義者は、ルターの立場を危うくするものであった。カールシュタットは、ヴィッテンベルクを追われてオルラミュンデの教会に移ってから、ますます急進的になっていった。かれは幼児洗礼をやめ、聖徒の画像と教会音楽を非難し、ミサにおけるキリストの現在を否定し、牧師に結婚を義務づけるにいたった。こうしたカールシュタットの急進主義は、ルターには、人間の内面を軽視し、外面的なものを過度に重要視する新しい律法主義のように思われた。

もっとも過激な急進主義の代表者は、トマス＝ミュンツァーであった。かれはザクセンのアルシュテットの牧師であった。ミュンツァーはカールシュタットよりははるかに急進的で、いっさいの洗礼をやめ聖書よりも

ウルリッヒ＝ツヴィングリ

聖霊を重んじた。かれは神の直接的啓示を確信し、それゆえ聖書は書物としては紙とインキでしかないと主張し、聖書の文字にたよる人びとを非難した。またミュンツァーは「キリスト者は神の国をこの世に実現するものでなければならない」と考え、信仰者が不信仰者を虐殺するために戦う必要を説いていた。そしてルターを、諸侯の保護に甘んじている「日和見博士」とか、「おべっか使い」と非難した。まもなくカールシュタットとミュンツァーは、選帝侯に追放されてザクセンから去った。

当時スイスのチューリッヒでは、ウルリッヒ＝ツヴィングリの指導のもとに、宗教改革が行なわれていた。ツヴィングリも急進的で、美術と音楽を宗教から追放し、ミサにおけるキリストの現在を否定した。またミュンツァーと同様に、宗教のためには剣の使用を肯定し、福音を守るための軍事同盟といったものを考えていた。このツヴィングリの改革派のなかから、再洗礼主義の運動が起こった。これらの人びとは幼児洗礼を無効とし、成年時代における内的回心に基づく洗礼を有効とし、剣の使用、私有財産、酒を飲むこと、などをいっさい否定した。そして平和主義、質素、禁酒などを厳格に守ることを誓い合っていた。ツヴィングリは再洗礼主義者の動きに驚き、ついに国家の力によってこれを弾圧するにいたった。このツヴィングリと再洗礼主義者のどちらの主張も、ルターにとっては認めることのできないものであった。

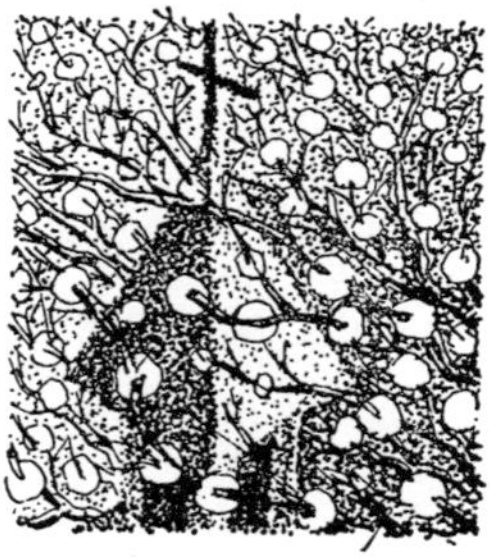

挫折と再起

農民戦争　ドイツでは一五世紀にはいってから、農民一揆が五年間に一度も起こらないという時期は、ほとんどなかった。それらの一揆は、初期においては、昔からの生活が領主の権力によっておびやかされることに反対した。いわば、よき昔の生活にひきもどそうとする「古き掟《おきて》のための戦い」であった。だが一五世紀後半になると、強力な領邦国家の形成とともに一揆も険悪な姿をとりはじめ、新しい傾向をもつようになった。つまり一揆は、神の掟に基づいて現在の状態をくつがえそうとする革命的傾向をもつようになり、そのスローガンとして、「神の掟のための戦い」をとなえるようになった。こうして一五世紀末から一六世紀の初頭にかけて、一揆は「古き掟のための戦い」と「神の掟のための戦い」とをふくむにいたった。つまり、保守が同時に革新的な面をふくむという様相のものとなってきた。まもなくルターが『九五か条の提題』をもってドイツ史に登場し、一揆は宗教改革運動に結びつくようになった。農民一揆は宗教改革運動との接触によって、一揆という局地的・散発的な運動から、「農民戦争」という大規模な運動として展開しはじめたのである。この農民戦争は、また、窮乏に追いつめられた農民が不満にたえかねて立ち上がった、ききん一揆的なものではなかった。農民戦争が起こったのはおもに西南ドイツであり、この地方はエルベ以東とちがって荘園の解体が進み、農民は物納、金納による小作契約によってその生活はかなりよくなっていた。そして手工業（とくに織布業）の発達がめざましかった。このように農民の生活が上昇したのに対して、農民層はかれらの不明確な地位に不満をもっていた。また領主側は、領邦体制の完成とともに、財政窮乏と危機感から、農民への圧迫を反動的に強化しようとした。このぶつかりあいが農民戦争となった。したがってある程度の土地や財産をもつ人びとが、農民戦争の中核をなしていたのである。

農民戦争は、ルターの宗教改革に刺激されて、一五二四年六月、ドイツ西南の伯爵領、シュチューリンゲンで勃発した。この暴動がまだ続いていた翌年の春、シュワーベンで「キリスト者同盟」が形成され、まもなく全シュワーベンの農民の要求をまとめた「一二か条の要求」が発表された。この地方は麻織物の中心地であり、富農が多かった。しかもこれらの農民のなかには村長、裁判官、鍛冶《かじ》屋などもふくまれていた。この要求は各地の農民の要求を列記しただけでなく、個々の要求に聖書の言葉を引用し、その要求の正当化を神学者に問うという福音主義の傾向をふくんでいた。これらの農民は、このときルターが農民運動の指導者となることを期待していたのである。しかしまもなくシュワーベンの農民は蜂起《ほうき》し、城、教会、修道院、町、村などを襲い、略奪や放火をして暴徒化しはじめた。比較的富裕な農民であったかれらに対する、ルターの説得と調停は、ひとまず実を結び、騒ぎはおさまったかにみえた。が、この暴動はまたたくうちに各地に波及し、農民は暴徒として荒れ狂うにいたった。とくにチューリンゲンで起こった暴動は、急進派のトマスーミュンツァーに率いられた、貧農を主体とするものであった。ミュンツァーは「神の国をこの世に実現しよう」と叫んで、共産主義的共和国の樹立を目ざした。一時はミュールハウゼンに共産主義的共同体を樹立することに成功したが、諸侯との戦いに破れたミュンツァーは、首をはねられた。

ヨハン堅忍侯

ルターは一五二五年五月、農民と諸侯がまさに一大決戦をしようとしているとき、『農民の殺人・強盗団に抗して』という著書を発表した。かれはこの書で、農民が統治権力に反抗し、略奪や殺害をなしていることを激しい調子で非難し、領主側が即座に剣をとって鎮圧すべきことを主張した。この著書はルターの農民戦争観をあらわしており、思想編でくわしく述べることにする。

農民側は結局、諸侯と司教たちの防衛軍のまえに破れ、一〇万といわれるほどの者があちこちで虐殺された。生き残った者も、長年にわたって賠償金を支払わされることになった。そして結局、この戦争で利益をひとり占めしたのは、諸侯たちであった。貴族は城を焼かれ、いまや諸侯の部下にならなければならなかった。農民側が簡単に破れさった理由としては、適当な指導者の欠如、諸団体の要求および行動の不統一などがあげられる。ルターの著書『農民の殺人・強盗団に抗して』は、農民側がいたるところで破れ、敗走しているときに出版された。それゆえカトリック諸侯は、ルターがみずからの責任をのがれようとする政治的配慮からこの文書を書いた、とルターのずるさを非難した。他方敗走しつつあった農民たちは、この文書に、「許すことのできない裏切り行為」を見いだしたのであった。

この一五二五年五月、ルターをなんどとなく保護してくれたフリードリヒ賢明侯が亡くなった。弟のヨハン堅忍侯がそのあとを継いだ。

結婚

農民戦争は終わった。農村の人びとはもはやルターを信頼しなくなった。農民たちは依然としてローマ教会に反感をもちつづけた。それゆえこれらの人びとは、無気力になるか、再洗礼主義のうちに心の安らぎを見いだすようになった。

しかしだれよりも深く傷ついたのは、ルターであった。ルターは、いまや、大衆というものを信ずることができなくなった。この事件以来、政治的改革や社会的改革について説教することも、少なくなった。ルターは孤独だった。ルターがこの孤独と挫折から立ち上がるきっかけとなったのは結婚であった。ルターは司祭や修道士たちが結婚しはじめた頃、「だれもわたしには妻をくれないだろう」と冗談を言ったほどで、かれ自身が結婚しようという考えはもっていなかった。だが結婚が神の掟であり、司祭や修道士の結婚が正当であることを主張したのは、ルターであった。

農民戦争が農民側の敗北に終わったとき、ルターはふたたび死の危険性を感じていた。それなのに急に結婚を決意したのは、かれの教えを忠実に守ろうと考えたからであった。

ルターの妻
カタリナ＝フォン＝ボラ

一五二五年六月、ルターはカタリナ＝フォン＝ボラと結婚した。当時ルターは四二歳、新婦は二六歳であった。ルターの結婚は敵味方の多くの人びとを驚かせた。農民戦争はルターの名声を危うくするものであった。しかもそのさなかに結婚したことは、多くの人びとの疑惑をまねいた。ルターの友人は、「全世界と悪魔とはあざ笑うだろう。またルターがなしてきた仕事は崩壊するだろう」と予言した。しかしルターは「わたしは天使を笑わせ、悪魔どもを泣かせた」と手紙に書いた。カタリナ＝フォン＝ボラは修道院を脱走した修道女であった。ルターはその頃修道女の脱走を手伝い、彼女らに良人か職業かを探してやっていた。カタリナ＝フォン＝ボラもそうした修道女の一人であった。修道僧と修道女が結婚するということは、まったく驚くべきことであった。それだけにルターには多くの嘲笑と非難が投げつけられた。しかしルターはひとたび決意してからは世間の非難など気にかけなかった。ルターはかれが結婚した理由として、両親を喜ばせること、教皇と悪魔とを困らせることなどをあげている。

結婚はルターの生活にさまざまな変化をもたらした。ルターの家はきれいになった。ルターは「わたしは妻をフランスともベニスとも取りかえたくない」と述べた。そして妻を「ケーテ」とよび、ときには「わが主」とも「わたしの肋骨《ろっこつ》」ともよんだ。一五二六年六月、長男のヨハネスが生まれた。ルターは全部で六人の子どもに恵まれた。ルターの家には他に数人の者が常に出入りしていたので、いつも大家族であった。ルターはその気前のよさと太っ腹から、経済的にあまり豊かではないのに、貧乏学生や助けをもとめる人びとを家に置いていた。それだけに妻はやりくりに苦労しなければならなかったが、妻はこれらの人びとのめんどうをよくみた。

ルターの夫婦観は、ドイツ人らしい「亭主関白」であった。かれによれば、夫は妻の頭であり、妻は夫を愛し、その命令に服従すべきである。もちろん夫は妻を親切に指導すべきであるが、夫は根本的には妻を支配すべきであった。これは当時としては一般的な夫婦観であった。ルターは結婚して、結婚が神の恵みであると感じた。かれは語っている。「わたしは全世界のすべての教皇の神学者よりも富んでいる。なぜなら、わたしは満ち足り、そのうえ結婚によってすでに三人の子どもを与えられたが、教皇の神学者たちは子どもを与えられていないからである」と。(『ルター自伝』藤田孫太郎訳二二ページ)

領邦教会の設置

農民戦争は、ルターの宗教改革運動に重大な転換をもたらした。カトリック諸侯はますます結束を強めて、ルター派の一掃を計画しはじめていた。これに対抗して、一五二六年二月には福音主義の諸侯がトルガウにおいて同盟を

ヴィッテンベルクの
ルターの部屋

結んだ。この中心はザクセンとヘッセンであった。また福音主義に転じた所では、教会の財産や礼拝などに混乱が生じていた。ルターは最初カトリック教会の誤りに反対しつつも、新しい教会組織をつくりだそうとは考えなかった。しかし教会を聖霊のきずなで結合されているものとして、無形のものにしようとも決意していなかった。ところがツヴィングリ主義や再洗礼主義の波及とともに、福音主義に基づく教会を考えざるをえなくなった。ルターにとって教会は、聖徒の交わりであった。ルターは宗教改革運動をどのように進めるべきかを考えつづけていた。そのころ福音主義的教会組織をつくろうという動きが、プロシアに起こった。これは、領主に礼拝と信仰の統一のために巡察委員会をつくらせ、その活動によって信仰を統一しようとするものであった。この委員会は同数の神学者と法律家によって構成されていた。これらの巡察者の任務は、町や村を旅行し牧師や執事を任命し、とくに法律家は教会財産を調べること、にあった。こうして福音主義的領邦教会の設置は進んだ。この結果、教会の組織全体が諸侯の支配下におかれるようになった。いまや諸侯は最高の司教として領内の教会を支配し、教会を通して人びとの精神にまで多大な影響を与えることになった。ルター自身も巡察にくわわり、「教会巡察条令」の作成に協力した。しかしルターは、巡察して、牧師や信徒がきわめてキリスト教の精神と知識に乏しいことを知って驚いた。それで福音的教理の基準を書きあげた。これがルターの有名な教理問答書であった。ルターは最初『小教理問答書』を書き、ついで『大教理問答書』を書いて出版した。この書は福音主義的な教会制度をささえる教理を、明らかにしたものであった。ルターは、かれの教会内において、外面的な意味で指導者の地位をひき受けようとはしなかった。

しばしばルターは第二の教皇だといわれるが、それはかれの意見の影響力のためであり、かれ自身けっして第二の教皇のような地位にはつかなかった。この点は、留意されなければならない。

この頃ルター家には試練がつづいた。一五二七年七月、ヴィッテンベルクにペストが流行しはじめた。大学もイエナに移転した。選帝侯はルターに転居を勧めた。しかしルターは、このようなときに、ヴィッテンベルクをはなれることはできなかった。

プロテスタント

一五二五年以来、カトリック諸侯は福音主義の運動に対して結束して反撃しはじめた。これに対して福音主義を擁護する諸侯や諸都市も、しだいに結束の気運をたかめるにいたった。なかでも諸侯の一人であり、農民の弾圧に功績のあったヘッセンのフィリップは、福音主義諸侯の指導者として活躍した。一五二六年のシュパイエル国会では、フィリップは二〇〇人の騎士とルター派の神学者とをつれてのりこみ、大きな影響を与えた。農民戦争以後も、北ドイツではルター派に転ずる者が多く、南ドイツでもシュトラスブルク、アウグスブルクなどの諸都市が、福音主義派に転じた。

一五二九年四月、第二回のシュパイエル国会が開かれた。この議会でカトリック諸侯は、皇帝が三年前に行なった宗教問題についての譲歩を、一方的に取り消した。そして、ルター派の地方ではカトリックに対して宗教的自由が与えられるが、カトリック派の地方ではルター派に宗教的自由は与えられなくてもよいという決議を、多数決で決めた。これはきわめて不公平な決議であった。それゆえ福音主義の諸侯と諸都市は、

「抗議書」を提出して抗議した。このとき五人の諸侯と一四の都市がこの抗議に参加した。これらの福音主義者たちは、かれらの地方では二つの宗教を認めることはできないと主張し、もしこの願いが聞かれなければ、そのとき「すべて神の言葉に反するものには同意できないので、このことを神の前で抗議し証明しなければならない」と宣言した。プロテスタント（抗議する者）という名称は、この「抗議」に由来している。

シュパイエル国会後、ヘッセンのフィリップは事態の悪化に憂慮して、ルター派とスイス派とシュトラスブルク派との一致団結を望んで、マールブルクで宗教会談を催した。ザクセンからはルターとメランヒンが、チューリッヒからツヴィングリが、シュトラスブルクからブッツェルなどが参加した。会議は友好的雰囲《ふんい》気《き》のうちに進展した。討議の参加者は一四のか条については意見の一致をみたが、聖餐の解釈で対立が生じた。ツヴィングリは聖餐をキリストを記念する食事だと解釈していたし、ルターは聖餐においてキリストが現在することを確信していた。それにルターは、政治的手段に訴えて福音を防衛するという考え方に同意できなかった。ついに聖餐についての一致はえられなかった。そして福音主義者の大同盟は、実現しなかったのである。

他方皇帝カール五世は、アウグスブルクに帝国会議を召集して、長年の間こじれてきた宗教問題に決着をつけようとしていた。

晩年

アウグスブルク国会

一五三〇年、選帝侯はルター、メランヒトンなどをトルガウによび寄せ、きたるべきアウグスブルク国会で福音主義者のとるべき態度を検討させた。そこでルターは、メランヒトンなどの協力をえて「トルガウ信条」を作成した。まもなく選帝侯をはじめとする一行は、アウグスブルク国会へ向かうために出発した。しかしルターは帝国追放令を受けているため、選帝侯領の最南端にあるコーブルク城に滞在して、メランヒトンと連絡をとることにした。

皇帝カール五世は六月にイタリアを出発し、ミュンヘンを経てアウグスブルクに到着した。このとき城門の外で諸侯や司教たちは皇帝を出迎えた。最初の謁見《えっけん》のとき、皇帝が福音主義の諸侯に「ここで説教しないように」と要請したのに対し、諸侯たちはこれを拒絶し、不興《ふきょう》をかった。しかし皇帝は福音主義の人びとに、信仰を披瀝《ひれき》することを認めた。これを委任されたのがメランヒトンであった。かれはルターの助言をあおぎつつ、カトリックの穏健派との和解を目ざす立場から信仰告白書を作成した。それゆえミサにおける聖変化の教理、教皇権の問題などは、取り上げられなかった。六月二五日メランヒトンの執筆による「アウグ

コーブルク城

スブルクの信仰告白」が国会で読み上げられた。この内容は二部にわかれ、第一部は福音主義者の信仰を、第二部は教会のまちがった教えと悪弊とを述べている。ルターもこの内容に満足し、メランヒトンにその苦労をねぎらう手紙を送っている。しかし聖餐についてはスイス派が同意できず、かれら自身の「信仰の理由」という声明書を提出した。またシュトラスブルク派も署名を拒否して、ブッツェルの起草した「四都市条項」という信仰告白書を提出した。このように福音主義者たちは、アウグスブルクでも意見の一致をみることができなかった。だが「アウグスブルク信仰告白書」は、福音主義者たちの結束を強めるのに大いに貢献した。もちろんカトリック諸侯はこの告白書に反対の態度を表明し、エックらの起草になる「反駁《はんばく》文」を八月に発表した。

ルターはこの間コーブルク城に滞在してメランヒトンと連絡をとり、家庭などにも手紙を書いた。これらの手紙はルターの人がらをよく示している。また六月一五日には父の訃報《ふほう》に接し、父の死を深く悲しんだ。ルターはこれよりさき、ヴィッテンベルクから、危篤《きとく》の父を慰めるつぎのような手紙を送っている。

「父上よ、ヤコブ（ルターの弟）があなたの病気が危篤であるとわたしに知らせてきました。今の時世は、難渋《なんじゅう》な時代でもあり、つねに危険があるので、わたしは父上のことが気になり落ち着いておられません。……あなたは今、衰弱していても、心は元気で安心していてください。なぜなら、わたしたちは神の御許《みもと》のかの世の生活において一人のたしかな忠実な助け主イエス＝キリストをもち、そのキリストはわたしたちのため死を罪とともに殺し、今ここにわたしたちの前に座し、全天使とともにわたしたちを見たまい、わたしたちが死なねばならないとき、わたしたちが沈み没することを心配しおそれる必要がないように、わたしたちを待ちたもうからです。……全家族があなたに挨拶《あいさつ》し、あなたのために忠実に祈っています。わたしの母上と全親戚があなたに挨拶しています。神の恵みと力がいつまでもあなたのもとにとどまりますように！アーメン。」（『祈りと慰めの言葉』藤田孫太郎訳　新教出版社　一一三～一一九ページ）

シュマルカルデン同盟

アウグスブルク国会は、各方面から提出された信仰告白書や意見書で紛糾《ふんきゅう》した。討議が三か月にわたってなされたにもかかわらず、なんらかの成果をおさめることはできなかった。九月（一五三〇年）になると、ヘッセンのフィリップやザクセン選帝侯なども国会を去ってしまい、カトリック諸侯と福音主義者との対立のみぞは、ますます深くなった。一一月一九日、国会はついに福音主義者たちの欠席のうちに、ヴォルムス勅令の更新を決議し、あらゆる教会改革を禁止することを決めた。その決議は、福音主義者たちに降服のために六か月の猶予期間を与え、もしその期間内に降服を拒否するならば、制裁をくわえるというものであった。こうしてアウグスブルク国会は終わった。

福音主義者たちはアウグスブルク国会の決議を聞いて脅威と危険を感じ、それらに対抗するために合同して協力する必要に迫られた。こうした事情のもとに、福音主義の諸侯と自由都市は、シュマルカルデンに集まって相互の防衛と協力を誓いあった。こうして成立したのが、一五三〇年一二月のシュマルカルデン軍事同盟であった。この同盟は、緊急のときには一万二〇〇〇の兵力で軍隊を組織し、ザクセンとヘッセンが半年交替で指揮をとること、などを決めていた。

一五三一年、スイスではカッペルの戦いでチューリッヒ軍は破れ、従軍中のツヴィングリは死んだ。ルターはツヴィングリの死を聞いたとき、「主はついにミュンツァーと同様、あの輩《やから》に審判を下《くだ》したもうた」と叫んだといわれる。スイスにおける福音主義者の敗戦は、南ドイツの諸都市を弧立化させるにいたった。このためヴィッテンベルクとシュトラスブルクとの協力が要請されるようになり、両者の教義上の対立を調停する試みがなされた。こうして「ヴィッテンベルク協定」[1]が成立した。

皇帝カール五世は、トルコ軍と和睦して福音主義者たちに打撃を与えることを望んだ。しかし当時のトルコ王スレイマンは、これを拒否して、ウィーンを包囲した。そのため皇帝は福音主義者との休戦を決意せざるをえなかった。こうして一五三二年七月、ニュールンベルクの休戦条約が成立した。この休戦条約は福音主義の基礎をかためるのに役だった。このあと新しい諸侯がシュマルカルデン同盟に加入し、その勢力はしだいに強大になっていった。

1) 思想編〝宗教改革の原因〞を参照。

しかし一五三二年のニュールンベルクの休戦以降、宗教改革運動の主導権はしだいに諸侯や自由都市の手にわたるようになった。ルターは依然として宗教改革の精神的指導者ではあったが、もはや改革運動の旗頭ではなくなっていたのである。

ローマとの決別とフィリップの重婚

一五三六年夏、ルターは選帝侯から公会議に提出する福音主義者の信仰か条の起草を頼まれていた。一二月、この仕事に着手し、二週間で書き上げた。これが「シュマルカルデン条項」とよばれるもので、全編に反ローマ的精神がみなぎっており、ルターの「ローマに反対する遺書」といわれている。この点で、メランヒトンの起草になる「アウグスブルクの信仰告白」と対照的である。内容は三部にわかれ、第一部は福音主義者がローマ主義者と同様に告白する、神の主権について述べている。第二部はイエス＝キリストの使命と事業について述べており、その論旨は「信仰によってのみ義とされる」という義認論に基づいて展開されている。第三部はローマ主義者との討論が可能であると思われる教理、すなわち罪、悔い改め、聖職者の結婚などが述べられている。この「条項」は、のちにルター派教会の信仰告白書となったものである。

一五三七年一月、ルターは福音主義者の同盟会議に出席するために、シュマルカルデンに行った。しかしまもなくかれは結石病で倒れ、食事をとることも眠ることもできなかった。ルター自身、一時は「最後が来た」と考えたほどであった。選帝侯は転地を勧めた。それでルターは極度の苦痛に耐えながら、でこぼこ道を馬車で激しくゆられながらヴィッテンベルクにもどった。あまりにも馬車にゆられたためか家にもどったとき、病気はなおっていた。この頃からルターはしだいに短気で気むずかしくなり、ときどきひどい癇癪《かんしゃく》を起こすようになった。長い年月にわたるローマ教会との戦いと労苦が、ルターを頑固でかたくなな人間にしたのかもしれない。

ヘッセンのフィリップ

ルターの晩年に、ヘッセンのフイリップに重婚問題が起こった。ヘッセンのフィリップは一九歳のときゲオルク公の娘と結婚したが、その後も女性関係が乱れていた。しかし福音主義者になってからは、良心の苛責《かしゃく》を感じて、聖餐にのぞめないほどだった。当時フィリップは一人の女性に愛情を感じ、結婚することを望んだ。しかしかれには妻があった。それでフィリップはこの問題についてルターに相談した。これに対してルターは、離婚は姦淫《かんいん》の理由以外には認められないと考えた。そしていろいろと考えたすえ、旧約聖書のダビデやソロモンの例にならって、フィリップが第二夫人をもつことは良心に恥じることではないと忠告した。だが当時の国法は、第二夫人を禁止していた。それゆえ第二夫人との結婚は秘密にされなければならなかった。ところが新しい花嫁の母が秘密にすることを拒んだので、事件が世間に知れわたってしまった。それでルターは、フィリップの相談を受けたのは懺悔《ざんげ》室のなかだったとうそをついた。そのうそもばれて、ルターの評判は著しく悪くなった。この重婚問題に対するルターの態度はたしかにいいかげんであった。この点でルターの態度が人びとの非難をあびたことは当然のことと思われる。またこの事件はルターの評判を落としただけでなく、福音主義の運動にも悪い影響を与えた。というのは、フィリップは、そのあとで、皇帝から許してもらう条件として、シュマルカルデン同盟に新しい諸侯を加入させないと約束したからである。フィリップはこの同盟の中心人物であっただけに、この約束は不幸な政治的影響[1)]をもたらした。

一五四〇年九月には、異端の撲滅を目ざすイグナチウス＝フォン＝ロヨラのイエズス会が、教皇によって認められた。

ルターの死

ルターは晩年に多くの苦悩をしのばなければならなかった。かれはしばしば病気に苦しめられた。また一五四二年九月には、娘マグダレーネがしばらく病床に伏したのち、わずか一三歳の若さで死んだ。マグダレーネは、長女エリザベートが一五二八年に生まれ、翌年亡くなったあとでまもなく生まれた次女で、一家の愛情を一身に集めていたかわいい娘であった。マグダレーネが死んだとき、ルター家の悲嘆はつきることがなかった。ルターは生涯信仰に徹し、キリストの教えを説いた人であるけれども、愛する者の死別には人目もはばからず泣き伏すのであった。マグダレーネの臨終《りんじゅう》が近づいたとき、ルターはベットの側で、「神よ！　マグダレーネを召されるのがあなたのみこころならば、そうして下さい。そ

1) 福音主義者たちは、シュマルカルデン戦争（一五四六～四七）において、皇帝側に大敗してしまう。

れともふたたび生命を回復できるものならば、そのようにして下さい」と祈ったといわれる。また病床の娘に向かって「マグダレーネ!! おまえはおとうさんといっしょにいたいだろう。でもおまえは天国のおとうさんのところへ行くのもうれしいだろうね」とたずねた。マグダレーネは「はい!! おとうさん、神のみこころのままに」と答えたともいわれる。

ルターは一五四三年頃から、たびたびの病気のために、だんだん安らかな死を願うようになっていた。かれの生涯も終わりに近づきつつあった。一五四五年の一二月から翌年にかけて、ルターは病気にもかかわらず、メランヒトンとともにマンスフェルトに旅して、相続問題で反目しあっていたマンスフェルトの二伯の調停にあたった。一月一七日ヴィッテンベルクで説教をした。このあとふたたびマンスフェルトの紛争を解決するために、アイスレーベンに向かった。途中で病気がひどくなり苦しんだが、二月になってようやく紛争の解決に成功した。二月一六日、病気がふたたび起こり、胸の圧迫感を訴えはじめた。一七日の夜ルターは、息苦しさに耐えかねてそばにいた人びとをよんで、死の近いことを告げた。一五四六年二月一八日、息子たちや友人の見守るなかで祈りをくりかえした後、静かに息をひきとった。

ルターの遺体はアイスレーベンからヴィッテンベルクに運ばれ、城教会に安置された。

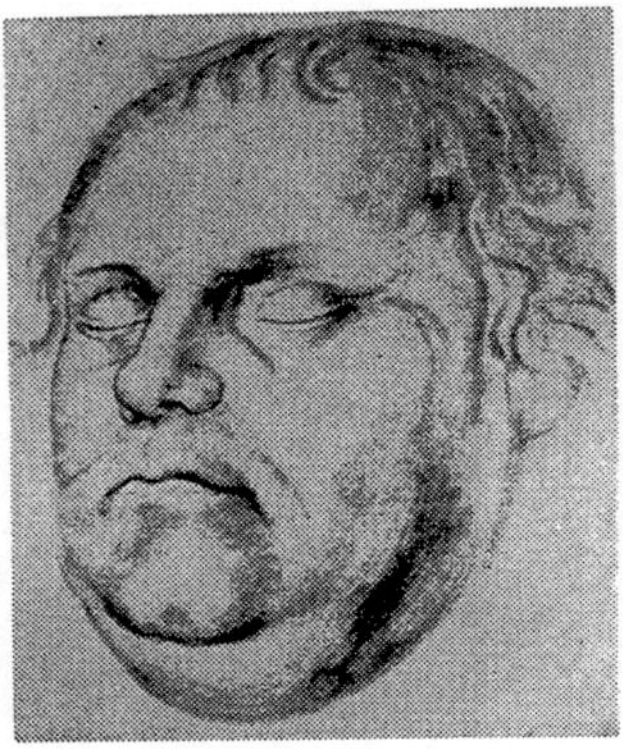

ルターのデスマスク

ルターの生涯は、真の信仰をもとめての絶えざる戦いであった。最後にかれの讃美歌「神はわがやぐら」を記して、生涯編を閉じたい。

神はわがやぐら、わがつよき盾《たて》
苦しめるときの近きたすけぞ
おのが力　おのが知恵をたのみとせる
陰府《よみ》の長《おさ》も　などおそるべき

いかに強くとも　いかでか頼まん
やがて朽《く》つべき　人のちからを
われと共に戦いたもう　イエス君こそ
万軍の主なる　あまつ大神《おおかみ》

あくま世にみちて　よしおどすとも
かみの真理《まこと》こそ　わがうちにあれ
陰府の長よ　ほえ猛《たけ》りて　迫《せま》り来とも
主のさばきは　汝《な》がうえにあり

暗きのちからの　よし防《ふせ》ぐとも
主のみことばこそ　進みにすすめ
わが命《いのち》も　わがたからも　とらばとりね
神のくには　なお我にあり

（日本基督教団『讃美歌』二六七より）

「日本基督教出版局　讃美歌委員会承認済　承認番号第一八八号」

ヴィッテンベルク城教会の中にあるルターの墓

Ⅲ ルターの思想

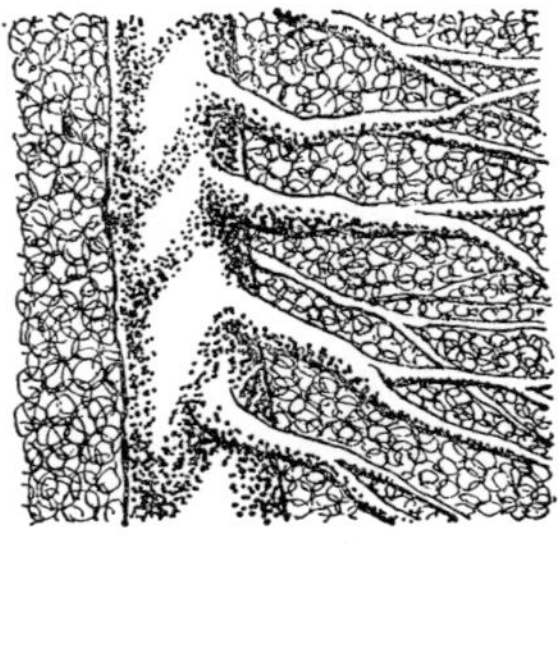

ルター研究について

ルターの評価について

こんにち、わたしたちは、ルターを研究するための資料を、かつてないほど豊富に所有している。しかし、過去四世紀の間、西欧文化に多大の影響を与えてきた、偉大な宗教改革者、マルチン＝ルターの人物、業績、思想を深く理解し、解明することは、きわめて困難なことである。このことは、欧米の卓越したルター研究者の間においてさえ、ルター研究の基礎というべき、かれの人物の理解について、意見の一致をみることができないことからも想像される。ましてルターの業績と思想の評価については、研究者の立場により、その見解はさまざまにくいちがっている。

ルターは、一方では偉大な宗教改革者として讃美《さんび》されてきたが、他方では、かれの粗野な性格と言動からしばしば嘲笑《ちょうしょう》をまねき、非難を受けてきた。おそらくルターほどさまざまに解釈され、誤った非難をこうむってきた人物は、歴史上でも数少ないことだろう。つぎにルター解釈の代表的なものをいくつかあげてみよう。

キリスト教との関係では、プロテスタントの立場からは、ルターは教権制度によってゆがめられた使徒的教理をよみがえらせた預言者として、また偉大な宗教改革者として尊敬されてきた。カトリックの立場からは、一般には当時の教会の堕落《だらく》を認めつつも、統一せる教会を破壊した「悪魔の子」として非難されてきた。

ドイツ文化との関係では、一方では、ルターはドイツ語訳の聖書と「信仰」の自由を主張したことによって、近代ドイツ語の形成に影響を与え、かつドイツ国民に精神的統一を与えた国民的英雄として尊敬されてきた。他方では、ルターは「諸侯の奴隷」として、農民運動の弾圧に加担した危険な保守主義者であったと、評価されてきた。またトレルチ以来、ルターの思想は中世に属するのか、それとも近世に属するのか、といった問題も提起されてきた。

なぜルターはこのように種々さまざまに解釈され、評価されるのだろうか。この疑問は本書全体を通じてはじめて答えられる問題であるが、さしあたって、ごく簡単にいくつかの理由を指摘しておこう。

それは、まず宗教改革が歴史上においてもキリスト教界にとっても画期的な事件であったこと、当時のドイツの複雑な政治情勢、ルターの改革思想の特殊性、それにルターの信仰がキリスト者に対して時代を超越して訴えるものをもっていること、などに基づくといえよう。ここでルターの思想の特殊性とは、かれの思想が世間をはなれた修道院で個人的苦悶のうちに形成され、あらゆる外的制度（政治的、社会的制度など）に関係なく、福音主義の立場から一貫して主張されたことを意味する。

わたしたちはルターの人物、業績、思想を、当時の社会状況との関連のもとで、できるだけ忠実に理解しようと思う。なぜならそのような態度によってはじめて、真のキリスト者の生き方とか宗教改革のもつ世界史的意義などが、把握されると確信するからである。わたしたちは、宗教改革を正しく理解することによって、現代のドイツ文化をささえている基盤とか国民性とかいったものを、歴史的に把握できるであろう。

わが国におけるルター研究

日本では、まだキリスト教の伝統が浅く、日常生活のなかでその浸透力をほとんどみることができない。したがって、そこでは、ルターの人物、業績、思想も、宗教改革のもつ意義についても、ごく一部の専門家を除けば、きわめて公式的に理解されてきたとみなしてよいだろう。わたしたちがもしもルターの思想を少しでもくわしく調べはじめると、おそらく高校や大学で学んだ宗教改革の理解がいかに浅薄で一面的であったかを知って、驚くであろう。それほどわたしたちは宗教改革に対して、またルターの思想についても、無知な状態におかれているのである。この原因の一つはわが国がキリスト教国でないということ、そして、ルターの著作が最近まではごく一部の代表作以外には日本語で読むことができなかったこと、によるものといえよう。

本書でのルターの思想の解明は、かれの代表作の年代順にしたがって、『ローマ書講義』、『九五か条の提題』、『善きわざについて』、いわゆる宗教改革の三大文書、『この世の権威について』、『農民の一二か条に対する平和勧告』、『農民の殺人・強盗団に抗して』、『奴隷的意志について』の順序でその内容を説明し、その問題点と意義とを述べ、最後にルターの思想と現代との関連にふれてみたい。

こんにちルターの研究は、その学問的進歩によって、ルター文献学、ルターの歴史、ルター神学の三つの領域にわけられる。もちろんこれらの領域は相互に深い関連をもつものであって、他の領域と切りはなして研究されるべきものではない。しかし、ルター文献学は他の二つの領域の基礎をなすもので、過去数世紀にわたって、ルターの資料が探され、検討されてきた。その成果は、現在もっとも信頼できるワイマール版全集に見いだすことができる。

ルターの著作について

ルターは生涯を通じて、約四五〇冊の著書と論文を書き、約三〇〇〇回の説教を行ない、二六〇〇通の手紙を書いたといわれる。ルターは宗教改革の指導者として精力的に活躍した関係上、早くも生存中に他人の著作がかれの名まえで出版されたり、かれ自身の著作の出版に不手際があってめんどうな問題を生じたりした。そこでザクセン選帝侯はルターに全集の出版を勧め、ルター自身の参加のもとでヴィッテンベルク版全集(一九巻 一五三九〜五八)を出版した。ところが、ルターの死後、ルター派教会内で教義論争が激しくなり、それが全集にも波及し、さまざまの版の全集が刊行された。一八世紀になってワルチ版全集(二四巻 一七四〇〜五三)が発行され好評を博した。しかし、一九世紀になると学問上の問題から正確な全集が要望され、エルランゲン版全集(六七巻 一八二六〜五七)が刊行された。しかし、このエルランゲン版全集にも欠陥が多かったため、ルターの生誕四〇〇年記念にあたる一八八三年に、ルター全集の監修委員会がプロシア政府の援助のもとに、ワイマール版全集の刊行を開始した。この全集はA 著作部門、B ドイツ語訳聖書部門、C 書簡部門、D 卓上語録部門からなり、一〇〇冊をこえなお未完であるが、数年後には完結の予定である。卓上語録とは、ルターの「食卓における対談集」ともいうべきもので、かれ自身の著作ではなく、かれの食卓仲間といわれた人びとによって筆記されたものである。なおワイマール版全集には、ルター研究者による数千ページにわたる解説や、内容がちがっている重要資料の並置などを、多くふくんでいる。

わが国では、ルターの著作は、最近までは重要なものだけが翻訳され紹介されてきた。しかし、その数はルターの著作集のごく一部でしかなかった。

ところが、近年ルターと宗教改革についての正しい資料を提供する目的で、『ルター著作集』の刊行が計画され、一九六三年に第一集の(二)が、ルター著作集委員会（代表者、岸千年氏）と発行所聖文舎によって出版され、現在も刊行がつづいている。この事業はキリスト教の信仰者にとってはもちろんのこと、歴史学者や若い人びとにもルターと宗教改革の正しい姿を理解する資料を提供するものであり、画期的意義をもつものといえよう。

若きルターの神学
——『ローマ書講義』——

『ローマ書講義』

ルターがいつ頃から宗教改革者的思想をもつようになったのか、またルターの信仰思想はどのような点でカトリックの教義から区別されるのか、などといった問題は複雑な神学上の問題をふくんでおり、今日でも一致した見解に到達していない。しかし確実にいえることは、ルターは「新たな義の理解」によって福音を再発見しカトリック教会の批判者となったのであって、単に当時の教会の腐敗に対する批判から宗教改革者になったのではないということである。それゆえ、宗教改革者としてのルターの思想を理解するには、「新たな義の理解」がどのようなものであるかを知らなければならない。この新たな義の理解は、修道院時代と無名の教授としてヴィッテンベルク大学で講義中の数年間のうちに、激しい精神的苦悶のあとで獲得されたもので、一般に「塔の体験」とよばれる。その体験の内容が何であり、この時期がいつ起こったのかということは、今日なお決着《けっちゃく》をみていない。ルター研究者たちの、「塔の体験」の時期についての説を分類すると、だいたいつぎの四つに大別される。㈠第一回詩篇講義前(一五一三年八月以前)、㈡詩篇講義中(一五一三年八月〜一五一五年一〇月)、㈢一五一八年から一五一九年まで、㈣時期

ルターの『ローマ書講義』の原稿

決定不可能、とみる立場。このようにいわゆる「塔の体験」の時期についてはさまざまな見解があり、それらのうちでどの見解が正しいと断定することは困難である。しかし、ルターが「新たな義の理解」に到達し、それをかれ独自の神学体系へと形成していくにあたって、「使徒パウロの『ローマ人への手紙』についての講義」(つまり『ローマ書講義』)が決定的な役割をはたしたことは、どの研究者も認めるところである。

『ローマ書講義』はルターが一五一五年一一月三日から翌年の九月七日まで、ヴィッテンベルク大学で行なった講義録である。しかもこの書は、ルター自筆の草稿原本が完備している唯一の聖書講義である。その他の初期における聖書講義は、一部ルターの自筆と学生の筆記で残っているか、あるいは全部学生の筆記によって残っているかである。その意味でもこの『ローマ書講義』はきわめて貴重なものである。

またこの書は、ルターの思想の形成過程を理解するために、欠くことのできない重要な著作である。あるルター研究者によれば、これ以後の著作はこの書の注解にすぎない、とさえいわれる。ルターの生涯において、一五一七年以前の五年間は、神学者としてもっとも研究に専心し、かれの独創力が発揮された時代であった。本書にはその研究の成果と信仰についての深い省察と精神的苦悶のあとがにじみでている。

本書の内容で注目すべき点は、ルター独自の神観念がみられるとともに、「罪人にして同時に義人」という逆説的な定式が、義認論で中心的役割を演じていることである。

ところで、まったく驚くべきことであるが、この著書は、一九〇八年に出版されるまでほぼ四〇〇年間、世間に知られずに埋もれていた。その理由は、本書がのちの著作(『善きわざについて』『ドイツのキリスト者貴族に与える書』など)のような大衆向きの文書ではなくて、まったくの神学書であったためと推察される。それにしても、本書のような重要な著作が二〇世紀になって世にでて、プロテスタント神学者に大きな影響を与えたこと、そして、それらの神学者を通して混乱の絶えない世界のなかでキリスト者の生き方に一つの指針を与えたことは、偉大な神の摂理という以外に表現のしようがない。

さらに『ローマ書講義』のなかでルターの宗教改革的思想を示すものとしては、罪とその赦しについての新しい認識があげられる。それゆえここでは「罪悪感と恩恵」「神は人を義とする」「罪人にして同時に義人」「ルターの義認論のもつ意義」の順序で、ごく簡単にその内容を解説することにしたい。

罪悪感と恩恵

ルターは『ローマ書講義』[1]の冒頭で、パウロの手紙の要旨をつぎのように要約している。

使徒パウロの手紙の要旨は、われわれが自己のあらゆる義と知恵とを打破し、自己の義の

1) 引用文は『ローマ書講義』(上・下巻) 松尾喜代司訳、新教出版社による。

ゆえに今まで存在しないと思っていた罪と愚かさを確認し、大きくし、最後にこれらの罪と愚かさを打破するために、キリストとその義とがわれわれに必要だということを理解することである。

右の言葉は、ルターがパウロの信仰をどのような態度で受けとめているかを示すと同時に、ルター自身の信仰についての態度を示している。右の言葉のなかで、ルターは㈠罪の理解を深めること、と㈡その罪を打破するためにはキリストとその義が必要であることを強調している。それゆえ、まず最初にルターの罪悪感を考察してみたい。

ルターは、「ユダヤ人もギリシア人も、ことごとく罪の下にあることを、わたしたちはすでに指摘した」(ローマ人への手紙　三・九)の箇所で、つぎのように述べている。人びとの目から見て悪人である人だけでなく、善き人であるように見える人も、すべて神の前では罪の下にある。その理由は、公然たる悪人は、人びとの目からみてさえ義と思われないから当然である。しかし外見的に義《ただ》しく見える人もその心のなかでは罪をおかしている。というのは、たとえ人が外見的によい行ないをしたとしても、それは罰へのおそれからか、利益とか名誉などを欲して行なっているのであって、けっして自発的に喜んで行なっているのではないからである。つまり外見的に義《ただ》しくみえる人は絶えずよい行ないをなすけれども、その心のなかには悪いものへの「むさぼりの心」と熱望とがみちているのである、と。

ルターは第四章で、罪とは欲情・罪への衝動・むさぼりの心、すなわち悪への執着と善を行なうことの困難である、と述べ、人間の罪深さを強調している。ルターはこのような罪の理解に基づいて、行ないのみを罪の対象と考えるスコラ神学者の罪悪観に反対する。アリストテレスの影響を受けた神学者たちは、罪を外に現われる個々の行ないと考え、それゆえ一定の外的なわざを行なうことによって罪を除去できると信じていた。これに対して、ルターは罪を、外から人間に付着するものではなく、常に自分のことのみを考え、神をさえ自分の目的の手段として利用しようとする心、すなわち「むさぼりの心」のなかに見いだし、しかもこの心は人が生きているかぎり完全に除去することのできないものと考えた。

このように、ルターは人間の罪深さを明らかにし、人間がもつ力のなかに救いを見いだすことの不可能なことを指摘し、真の救いは神の恩恵によってのみもたらされると主張したのである。だから、ルターはいう。「恩恵と霊的な義とは、たとえ罪は残しておいても、人間そのものをばひき上げ、変ぜしめ、罪から転ぜしめ、かくして、霊を義としはするものの、肉のなかにむさぼりの心を残存せしめる、……ゆえに、人間自身が生きているかぎり、また人間が恩恵の更新作用によってひき上げられ、変ぜしめられないかぎり、いかなる行ないをもってしても、人間が罪と律法との下に立たぬようにはならしめることができない」と。

神が人間を義とする

「義とする」とは、実質的には「罪が赦される」ということである。それゆえ「神が人間を義とする」とは、神が罪深い人間をその恩恵によって義なる者、罪のない者にすることを意味する。このことはまた「義認」ともいわれる。

パウロは『ローマ人への手紙』の第一章一六節―一七節で、信仰のなかにこそキリスト教的生活の根源と目的とがあることをつぎのように語っている。「わたしは福音を恥としない。それは、ユダヤ人をはじめ、ギリシア人にも、すべて信じる者に、救いをえさせる神の力である。神の義は、その福音のなかに啓示され、信仰にはじまり信仰にいたらせる。これは〈信仰による義人は生きる〉と書いてあるとおりである」と。

ルターはこの注解においてつぎのように述べて、人間の義と神の義とを対比し、神の義こそが救いの基礎であることを強調している。「人間の教説では人間の義があらわされ、教えられる。つまり、だれがどうして自分や他人の前に義《ただ》しくあり、義《ただ》しくなるかを教える。しかし、神の義は福音のみにより、神の言葉を信じる信仰のみによって啓示される。……神の義が救いの基礎であるからである」と。

ルターが人間の義と神の義とを厳格に区別していることは重要なことである。ルターは『ローマ書講義』の最初の箇所でも、人は神の前で義《ただ》しいことを遂行することによって義《ただ》しくなるのではなく、「むしろ義《ただ》しく存在することによって義を行なうのである」と述べている。ここでは神の前で義と認められることと、人間の前で義と認められることとの根本的相違が明示されている。つまり、ルターは神の事柄と人間の事柄との混同こそ信仰生活を破壊するものであることを主張しているのである。

またルターは、人間を義とする神のわざを単なる観念的真理として述べることなく、常にそれをイエス＝キリストの上に基礎づけて説いている。ルターによれば、キリストは人類の罪を自分の死によって贖《あがな》い、復活によって人間に義を与えたのである。したがって、キリストの復活と生命とは単なる秘跡《ひせき》ではなく、われわれの霊的生命の原因、すなわち効果ある秘跡なのである。なぜなら、それはキリストの復活と生命を信じる人びとを復活させるからである。

さらにルターの神観念のなかで注目すべきものとして、「隠された神」という思想があげられる。ルターによれば、すべてにおいてすべてをなしとげる全能の神は、人間の理解を越えた存在なのである。ここで「隠された」とは、神の力やわざが人間の理性ではとらえることができないという意味である。ルターは隠された神をつぎのように述べている。「神はその力を、ただ弱さの下に、知恵を愚かさの下に、仁慈を峻厳《しゅんげん》の下に、義を罪の下に、あわれみを怒りの下にのみ隠したもう」と。このように神は隠された神であり、怒りの下に恩恵を隠しているのである。それゆえ、神が力と知恵とあわれみとを、弱さ、愚かさ、怒りの下に隠していることを信ずるのが信仰である。したがって、隠された神は信仰を通してのみ啓示されるのである。

罪人にして同時に義人

ルターは『ローマ書講義』のなかで、「罪人にして同時に義人」という逆説的な定式によって、かれの義認論の本質を表現している。

ルターは第四章の第七節で、つぎのように最初に病人のたとえを述べ、そのあとで定式の意味を説明している。ルターは解説する。ある病人が必ずなおると確約する医者を信じ、その指示にしたがって、回復を妨げたり、病気を悪化させせないように注意している。このとき、この病人は健康であろうか。かれは病気でもあり、健康でもある。たしかに実際には病人であるが、医者の確約によっては健康である。なぜなら、病人は医者が自分をなおしてくれると確信しており、医者はすでに治療を始めているからである。これと同様に、キリストも人間を病人としてひきとり、永遠の生命にいたる完全な健康を約束してくれた。そして治療を始めた。キリストは人間の罪（むさぼりの心）を死に値するものとせず、人間が健康を望んで罪を増大させないように指示したのである。「では、かれは完全に義《ただ》しいのか。いや、かれは罪人でもあり同時に義《ただ》しくもある。現実には罪人である。しかし、かれを罪から解放しついにかれをまったく救いたもうとの神のたしかな約束によって義《ただ》しくある。さればこそ希望においては完全に救われているのである。しかし、事実は罪人である。しかもかれは義の始まりを所持している。」

ルターは第七章で、「肉と霊との人格性における対立と総合」という観点からこの定式を詳細に論じ、スコラ哲学を批判している。かれによれば、人間は肉的性質と霊的性質とからなっており、両者は互いに相反する力ではあるが同一の人格に属している。しかも肉と霊とは傷と肉とが一つであるように一つのものである。肉の働きは不品行・華美・偶像崇拝・敵意などであり、霊のもたらすものは仁愛・平和・寛容などである。この霊は義のために存在しているのである。だから霊がそのうちに存在しないならばその人全体が肉なのである。それゆえ、キリスト者は現実には罪人であるが、神の恩恵によって、信仰においては義人なのである。言いかえれば、キリスト者は現実には罪人であるが、希望においては義人なのである。したがって、キリスト者にとって大きな慰めは神の赦しである。この神の赦しはかれのうちに働き、かれを前進せしめ、全面的に罪のうちにとどめないようにする。しかし、罪は依然として残っている。というのは、人間が生きているかぎり原罪は存続するからである。それゆえ「罪人にして同時に義人」という定式は、平和と安息ではなく、一瞬一瞬の悔い改め、罪との絶えざる戦いを意味するのである。

要約すれば、㈠キリスト教の信仰は、㈠キリスト者は罪のうちにとどまってはいけない。㈡だが、それにもかかわらずキリスト者は罪人としてとどまる。この二つのことは外見上解決できない矛盾である。だからこそキリスト者は常に神の恩恵によって罪から自由になるように努力しつつ、しかも常に自己のうちに罪があることを知らなければならない。そして日ごとの罪との戦いによって自己のうちの古い人を克服し、苦難と謙遜《けんそん》のうちに新しい人となり、しかも古い人と新しい人との同時的存在のなかで生涯絶えず前進をつづけなければならないのである。

ルターの義認論のもつ意義

ルターの義認論は簡単にいえば「信仰によってのみ義とされる」という言葉に定式化される。ルターがこの義認論を、直接的にはパウロ研究から獲得したことは、すでにみてきたとおりである。だが他方では、中世キリスト教の恩寵《おんちょう》観が、ルターの義認論に影響を及ぼしていることも否定できない。

中世においても、カトリック神学では人間は神の恩恵なしには善を行なうことはできないし、また救いは恩恵と人間自身の努力の合作でもないとされていた。しかし、恩恵をどのように用いるかという点に、人間の側からの働きかけの余地が残されていた。つまり神の愛に対して人間の側からの働きが認められていた。

イエス＝キリスト

そこで人間の努力と神の恩恵を結びつけるものとして秘跡が重視され、多くの秘跡が考えだされた。その結果、秘跡を取り扱う聖職者や教会が権威あるものとして強調されるにいたった。これに対してルターの義認論は、つぎのような点で異なっている。

ルターは修道院での苦行や精神的苦悶を体験して、人間の罪深さを痛切に自覚した。その結果、かれは人間の側からの神への働きかけを全面的に否定するにいたった。こうして、ルターにとって、「信仰によってのみ義とされる」という定式は絶対的な意味をもつことになり、信仰を欠いたあらゆるよき行ないが否認されることになったのである。「この信仰のみ」という言葉は、救いのためには信仰だけで十分である、あるいは信仰以外には何も必要ではない、という意味に解釈される。もちろんルターは、その言葉をその意味でも用いているが、かれが強調したいのは、信仰のほかに何かが救いのために必要とされるならば、もはやそれは信仰ではない、ということである。つまり絶対的支配権は神のみに属している、ということである。だからルターにとって、真の信仰とはよき行ないとか秘跡の執行などのような外面的な事柄によってではなく、罪を自覚した個人が、その良心を通じて神とかかわりあう場合に成立するものであった。そのためには、人がその良心でもって、神の言葉にしたがうことが必要である。神の言葉の直接的啓示は、聖書以外には考えられない。ここからルターの義認論は、聖書をもって唯一絶対のものとみなす聖書中心主義として、具体化していくのである。

ルターの義認論の独自性をもう一つ指摘しよう。

ルターの義認論がパウロ研究によって獲得されたことが示すように、その義認論は原始キリスト教の信仰を回復しようとするものであった。しかし、ルターが実際に獲得した義認論には、原始キリスト教のそれとは異なる近世的な性格がふくまれていた。ルターの義認論には、のちの修道院制度の否定や職業観にみられるように厭世《えんせい》的性格はなく、現実的、世俗的性格がある。ルターの義認論はこのような独自性をもっていたからこそ、宗教改革運動に多大な影響を与え、間接的にではあるが近代市民社会の成立に寄与することになったのである。

宗教改革の発端
—『九五か条の提題』—

ドイツの宗教改革は、一般には、ルターが『九五か条の提題』をヴィッテンベルクの城教会の門扉に掲示したことで、始まったといわれる。この『提題』が主題として取り扱っているのが「贖宥の効力について」である。[1)]

「悔い改め」と「死者に対する贖宥の効力」

ルターは、『提題』の最初の四か条で、贖宥の問題を「悔い改め」から理解しようとする態度を明らかにしている。

第一条、私たちの主であり師であるイエス＝キリストが「悔い改めよ……」（マタイ四・七）といわれたとき、かれは信ずる者の全生涯が「悔い改め」であることを欲したのである。

ルターによれば、「悔い改め」という宗教的体験はイエスの教えに基づくもので、全生涯を通してつづくものである。それゆえ、罪もまた天国にはいるまでつづくのである。したがって、真の悔い改めは、教会が重んずる悔悛《かいしゅん》の秘跡[2)]における懺悔《ざんげ》行為ではなく、信者が生涯を通して自己の罪を悔い、罰をもとめることな

1) 以下、引用文は、『ルター著作集第一集』の「贖宥の効力を明らかにするための討論」緒方純雄訳　聖文舎による。
2) 洗礼のあとにおかした罪を赦す秘跡をいう。

のである。

ルターはこのように贖宥問題を「悔い改め」から理解し、教会の懺悔制度との関連において取り上げた。このことは、「悔い改め」についての従来の解釈との相違とあいまって、のちに教会の中心的部分を批判する出発点になったのである。

つぎに贖宥を発布する教皇の権限が問題とされる。ここで教皇の権限は教会法の定める範囲内にとどめられる。

以上の原則に基づいて本論にはいり、第一の問題として、「死者に対する贖宥の効力」が論ぜられる。最初に第八条で、「教会法は、生きている人にだけ課せられていて、それによるならば死にのぞんでいる人には何も課せられてはならない」と述べられ、教会法の限界が定められる。ここでルターは教会法を否認してはいないが、それを神の法とは区別して、この世においてのみ有効であるとその範囲を限定している。ついで死に直面する者が、その不完全さのゆえに必然的におそれに襲われることが、指摘される。ルターによれば、このおそれは、それだけで十分に煉獄の罰をなしており、おそれが減ぜられれば愛が増し加えられるのである。この点についてルターはつぎのように述べている。

『95か条の提題』を掲示するルター

第一四条、死にのぞんでいる人たちの不完全な信仰や愛は、必ず大きなおそれをともなう。そして愛が小さければ小さいほど、おそれは大きいということになるだろう。

ルターによれば、不完全な愛はおそれを取り除かない。完全な愛だけがおそれを取り除くのである。完全な愛とはキリストにおける信仰、ないしキリストにおける愛なのである。それゆえ煉獄のたましいを救うために贖宥券を買うことは、まったく無意味なのである。ルターはこの立場から贖宥券に対してつぎのように非難する。

第二一条、……教皇の贖宥によって、人間はすべての罰から放免され、救われると述べるあの贖宥説教者たちは誤《あやま》っている。

第二八条、金が箱のなかでチャリンと鳴ると、たしかに利得と貪欲《どんよく》とは増すことになる。しかし、教会のなすところはただ神のみこころにのみかかっている。

つぎにルターは第三〇条以下で、第二の問題として「生者に対する贖宥の効力」を論ずる。

生者に対する贖宥の効力

この第二の問題こそ『提題』の中心的部分をなすものである。最初に、ふたたび真の「悔い改め」がいかに困難であり、いかにまれであるかが述べられる。つづいて、「悔い改め」と贖宥とが対照され、その差異が強調される。そこからルターは、贖宥券に対する苛責《かしゃく》ない批判を展開する。

第三二条、贖宥の文書で自分たちの救いがたしかであるとみずから信ずる人たちは、その教師たちとともに永遠に罪に定められるであろう。

第四〇条、真実の痛悔は罰をもとめ、またこれを愛する。しかし、贖宥の寛大さは〈罰〉をゆるめ、これを憎むようにしむける――少なくとも、そのような機会となる。

ここで、ルターは「悔い改め」[1]をもとめる者と、贖宥をもとめる者との宗教的態度の根本的相違を指摘し、さらに贖宥券をもとめる行ないと隣人愛の行ないとを対置する。そしてキリスト者は隣人愛の行ないを選ぶべきだと主張するのである。

ルターは第四八条以下では、教皇がこの世の最高主権者であることを認めながらも、その教皇の名のもとに、いかにあやまった贖宥券の販売が行なわれているかを暴露《ばくろ》する。とくに第四九条、第五〇条では鋭い皮肉の言葉でもって、見せかけの信仰を弾劾《だんがい》している。

第四九条、教皇の贖宥は、もし人びとがこれに信頼しないのであれば有益であるが、これによって神へのおそれを捨てるのであればもっとも有害であることを、キリスト者は教えられねばならない。

第五〇条、もし教皇が贖宥説教者たちのする取りたてを知っていたなら、かれは聖ペテロ聖堂が自分たちの羊たちの皮・肉・骨で建てられるよりむしろ、灰と消えることを選ぶということを、キリスト者は教えられねばならない。

つぎに、ルターは贖宥を福音と対置しながら、贖宥の根拠とみなされていた「教会の宝」という思想を批

1) おかした罪を心からくやみ、今後は決して罪をおかすまいと決心すること。

判する。「教会の宝」とは、一四世紀に教皇クレメンス六世が教書で述べたもので、教会にはキリストと聖者が残した功徳《くどく》が蓄積されて宝庫をなしており、教皇は適当な時機にそれを信者にわけ与えることができるという考えである。この思想は当時贖宥券販売の有力な理論的根拠の一つであった。ルターはこの歴史的根源にはふれずに、真の「教会の宝」は福音以外にはありえないと主張し、この両者を対置して、贖宥は福音と比較できないほど価値の小さい慣行にすぎないと、つぎのように主張する。

第六二条、教会の真の宝は、神の栄光と恵みとのもっとも聖なる福音である。

第六八条、……それら〈贖宥〉は神の恵みと十字架の敬虔とに比較すると、実際もっとも小さいものである。

最後に、ルターは、安易に贖宥をもとめるところに平和はなく、神の審判と罰とを甘受し、神の意志にしたがうところにこそ真の平和があることを、逆説的に述べる（第九二条、第九三条）。そして、そのあとで、真のキリスト者の歩むべき道を示して『提題』を終わっている。

第九二条、だから、キリストの民に「平安、平安」という、かのすべての預言者たちは立ち去るがよい――そこには平和はない。

第九五条、そしてキリスト者は、平安の保証によるよりも、むしろ多くの苦しみによって、天国にはいることを信じなければならない。

ローマとの対決
——宗教改革の三大文書——

重要な年・一五二〇年　一五一九年六月末、ライプチヒで開かれた討論会は、宗教改革の歴史の上で重要な意義をもつ事件であった。ここでルターは、教皇およびローマ教会の優越性がなんら神的起源をもたないものとして、その根拠を否認した。またかれはエックの巧みな論法によって、公会議も誤りをおかすことを認めざるをえなかった。こうして、ルターは、当時の教皇制と教会体制についてますます疑惑を強めるとともに、聖書の権威を第一とする自己の立場が、到底ローマ教会と妥協できないことを痛感するにいたった。さらにローマ教会がルターを破門しようとするに及んで、ルターは宗教改革の必要性を認識し、自己の見解を明確に表明しようとした。そのため、一五二〇年、世間に問うたのが、有名な宗教改革の三大文書であった。

本書では三大文書にはいるまえに、信仰的著作のなかで古典的名著といわれる『善きわざについて』を解説してみたい。

初期の福音主義者たち
ルター（左端）
ツヴィングリ（右帽子）

『善きわざについて』　本書は十戒についての福音主義的説教で、キリスト教倫理の根本原理をわかりやすく懇切丁寧《こんせつていねい》に述べたものである。ルターは本書で、キリスト者の日常生活における指針を具体的に力強く語っている。

当時ルターは、フリードリヒ選帝侯の忠告もあり、ローマ教会と対決して世間を騒がすことを欲していなかった。しかし、ローマ教会側の人びとは、あらゆる誹謗《ひぼう》をルターにあびせた。とくにそのなかで、「ルターは〈信仰のみ〉を強調するが、これは善きわざを否認する教えだ」という誹謗に、ルターはがまんできなかった。かれはこの非難にこたえるために、本書の刊行を決意したといわれる。

本書はザクセン選帝侯ヨハン殿下に献上されている。その献辞のなかで、ルターは本書の意図を、「信仰をすべての善きわざにおいて、いかに練《ね》り、用い、そして最高のわざとならしめるべきであるか」にあると述べている。ここで「善きわざ」とは「よい行ない」「よき行為」の意味であり、したがって、本書は『善行論』とも訳される。

さて、本書は十戒[1]の順序にしたがって、二部にわけられている。第一部は、第一のわざとしての信仰、第一の戒めについて、第二の戒めについて、第三の戒めについて、からなっている。ルターはこの第一部に説教の重点をおいている。第二部は第四の戒めから第一〇の戒めまでである。[2]

善きわざと信仰

ルターによれば、神が命じたわざ以外にはいかなる善きわざも存在しない。それゆえ、われわれは善きわざを知り、これを実行するには神の戒め（十戒）をよく理解することが必要である。この戒めに基づいて、どれが善きわざであり、どれが善きわざでないかを識別しなければならない。各人はくれぐれも善きわざの識別を、わざの外観、慣習、人間の判断などによって行なってはならないのである。

右のような根本原則に基づいて、善きわざと信仰との関係が解明される。まずルターは、「あらゆる尊い善きわざのなかで第一の最高のわざは、キリストを信ずる信仰である」と宣言する。なぜか。なぜなら、すべてのわざは信仰に基づいて行なわなければならないし、またそれらのわざがよいか悪いかもこの信仰によって決定されるからである。このように、ルターはキリスト者にとって信仰こそもっとも根本的なものであることを明示して、この立場から善きわざが具体的にどのようなものであるかを説いていく。

1）　ルターの十戒は普通の十戒と番号が一致しない。というのは、ルターは普通の十戒の第一戒と第二戒とを第一戒とみなし、普通の第一〇戒を二つにわけているからである。
2）　ここでは紙数の都合上第一部の中心的部分だけを紹介するにとどめたい。なお、引用文は『ルター著作集　第一集2』の「善きわざについて」福山四郎訳　聖文舎による。

ルターにとっては、「信仰だけが他のいっさいのわざを善なるもの、神のみこころにかなうもの、価値あるもの」にするのであり、信仰を欠いたわざはまったく無価値なのである。「自分の行なうところは神のみこころにかなうという確信が心にあれば、たとえそれが、わらくず一本を拾いあげるような些細《ささい》な事柄であっても、そのわざは善である。けれども、その確信がなかったり、あるいは疑ったりするようなことがあれば、そのわざはあらゆる死者をよみがえらせ、おのが身を焼かせるものであっても善ではない。……わたしたちがキリストという名をもっているのは、信仰という最大のわざのためであって、他のいかなるわざのためでもない。なぜならば、すべての他のわざは、異教徒でも、ユダヤ人でも、トルコ人でも、罪人でも行なうことができるが、神のみこころにかなうとの確信をもつことは、恩恵に照らされ堅くささえられたキリスト者以外の者には不可能なことだからである。」つぎに信仰と第一の戒めと善きわざとの関係が述べられる。

善きわざと第一の戒め

第一の戒めは、「あなたは他の神々をもってはならない」という戒めである。その要旨は、「わたしだけが神なのだから、あなたはわたしだけにあなたの全信頼と誠実と信仰とをおくべき」だということである。ルターによれば、この第一の戒めのわざ（神の恵みに対する信仰と信頼）こそ「第一の最大最善のものであり、他のいっさいのわざはそれから流れでて、そのなかを行き、そのなかにとどまり、またそれにしたがって整えられ、はかられねばならないのである。」この指摘は重要である。というのは、十戒は単に一〇個の戒めを並列的にならべたものではなく、そのなかで第一の戒めが中心的位置をしめるところにその特色があるからである。

つぎに、ルターは「信仰のみ」という言葉につまづく人びとを批判する。ルターによれば、パウロが「信仰によって、人は神の前に義とみなされる」と述べたように、「信仰だけがすべての戒めをみたし、すべての戒めのわざを義」とするのである。それゆえに、使徒たちは単なる外的なわざを排斥し、信仰を賞揚したのである。ところが、ある人びとは「信仰のみ」という言葉につまづいて、「ただ信ずべきだ。よいことは何もする必要はない」という。このような主張に対して、ルターはつぎのようにきびしい批判をくだす。

「なにより先にわざにより、わざを行なったあとで神のみこころをえようという不遜《ふそん》な態度にでるならば、それはまったく欺瞞《ぎまん》であって、外側で神を敬《うやま》いつつ、内側では自分自身を偶像に仕立てているのである。」「第一の戒めをただ外的なわざをもってみたすことと、内的な信頼をもってみたすこととの間には、どんなに大きなへだたりがあるかということはおのずから明らかであろう。なぜならば、後者が正しい生きた神の子たちをつくるのに反し、前者はいよいよ邪悪な偶像崇拝と、地上でもっとも有害な偽善者とをつくりだすにすぎないからである」と。

それでは、われわれは第一の戒めのわざ（信仰と信頼）をどこに見いだすことができるのか。ルターはつぎのように答える。「信仰は疑いもなく、あなたのわざ、あなたの功績からくるのではない。それはただイエス＝キリストだけからくるのであり、無代価で約束され、与えられるものである。」「信仰はわざにおいて始まるものではない。またわざが信仰をつくるのでもない。信仰はまさにキリストの血と傷と死から湧《わ》きいで流れでてこなければならない」と。ルターによれば、神はキリストにおいて恵みを各人に示すのであり、それゆえ、各人はその恵みの姿から罪がゆるされるという信仰と信頼とをくみとらなければならないのである。つまり、われわれはキリストにあずかることによって義とされ、新しく生まれかわるのである。

このように、ルターは本書において、善きわざと十戒との関連をだれにでもわかるような具体的な例を引用しながら、くりかえし「善きわざがよい人間をつくるのではなく、よき信仰が善きわざを生じる」ことを強調するのである。

宗教改革の三大文書

さきに『九五か条の提題』のところで、『提題』の掲示をもって、ただちに宗教改革運動が始まったと考えることは、厳密には正確ではないという理由を説明した。それでは歴史的にみて、宗教改革運動がいつから意図され、どの事件でもって具体的に開始されたのだろうか。この解答は「改革」という用語の解釈と研究者の立場によって若干のずれはあるが、およその時期については一致している。ある説では、一五二〇年一二月、ヴィッテンベルクの城門外の広場で、ルターが教皇の破門威嚇《いかく》書「主よ、立ちたまえ」を焼いたことによって、宗教改革の運動が開始された、という。また他の説では、一五二一年一二月、ヴィッテンベルク教会で教会の諸形式や慣行を具体的に変更した事件をもって、改革運動が開始された、という。この二つの見解は、改革運動の決定的な時期を具体的にどの事件にもとめるかという点で異なるが、ルターが一五二〇年前後に教会の根本的改革を意図するにいたったという点では一致している。いわゆる宗教改革の三大文書の発表とともに、大勢としては、ルターの改革運動が始まったと考えている。

たしかに一五一九年から一五二〇年にかけての時期はルターの改革思想が大きく飛躍した時期であり、また当時の社会情勢も改革運動に向かって著しく進展した時期であった。とくに社会情勢の面では、ドイツをローマの支配から解放しようとする空気が強まっていた。なかでも人文主義者と騎士階級の一部は、その立場は異なるが、公然とローマ教会に反抗しはじめていた。したがって、ルターが改革運動の旗頭としてローマ教会と対決しはじめたこの時期に、ルターを積極的に支持したのはこれらの人文主義者とその影響を受けた騎士階級の人びとであった。そしてその背後には、現実の教会、現実の生活様式を不満とする民衆、とくに農民層の力があった。人文主義者としては、エラスムス、メランヒトンらがあり、その影響下の騎士としては、フッテン、ジッキンゲンなどがあげられる。これらの人びとは、必ずしもルターの改革思想とすべての点で一致していたわけではなかった。しかし、ライプチヒの討論以後、ルターの主張にみずからの立場との共通点を見いだして、これを支持した。またルターも、それらの人びとの影響を直接的にではないにしろ受けたのである。このようにして宗教改革の気運が高まりはじめた一五二〇年に発表されたのが、宗教改革の三大文書であった。

『ドイツのキリスト者貴族に与える書』

この書の正式な題名は、『キリスト教の改善に関してドイツのキリスト者貴族に与える書』である。ルターがこの書を書いたのは、皇帝カール五世とドイツの全貴族が、国民生活を圧迫している根本的原因、すなわちローマ教会の弊害を取り除くために、積極的に教会の改革を行なうことを期待してであった。それゆえ、この書は宗教改革の檄文《げきぶん》であり、改革運動の進軍ラッパであった。

ルターはこの書では、『提題』のときのように、単に教会をその本来の任務にもどすことを主張するだけではなく、教皇庁が完全に堕落して「反キリスト者」にまでなりさがっていることを非難している。そして万人司祭説を述べ、さらに教会から世俗的権力と莫大《ばくだい》な富とを剝奪《はくだつ》することを聖書に基づいて主張している。この、ルターが提示している具体的な諸問題は、人文主義者などの主張にもみられる。たぶんルターは、一四五七年以来、くりかえし議会に提出され無視されていた、いわゆる「ドイツ国民の苦情」を考慮して書いたものと思われる。またフッテンの著作からの引用も認められる。したがって、この書は、ローマ教会との和解の道がありえないことを明示したことと、ドイツ国民に国民的意識を深く自覚させたことにおいて、深い政治的な意義をもつといえよう。内容は基本的問題を論ずる前の部分と、具体的問題を論じその改善の方法を示唆《しさ》する後の部分とに大別される。前者では、ローマ教会の権力を防御《ぼうぎょ》している根本原理が取り上げられ、それらが聖書に根拠をもたず、かついかにあくどく濫用《らんよう》されているかが指摘される。後者では、当時のドイツ社会のあらゆる分野（教会制度、政治、経済、教育など）における現状が二七か条にわたって批判的に述べられ、それらを改革する具体的方針が示されている。

三つの城壁

ルターは「沈黙の時は過ぎ去り語るべき時がきた」と述べて、[1] ローマ教会の横暴に対して立ち上がった決意を表明する。

最初に、ローマ教会が三つの城壁を周囲に築いて、教会の改革を妨げ、その権力を防御してきたことを指摘する。

第一の城壁とは、ローマ教会の権力は世俗的権力より上にあるという主張である。

第二の城壁とは、教皇が聖書の解釈においては最高の権威であるという主張である。

第三の城壁とは、教皇だけが公会議を召集できるという主張である。

ルターによれば、この三つの城壁こそ、ローマ教会の権力を防御し、そのことによってキリスト教界を救いがたい状態にまで堕落させた根本原因なのである。しかも、これらはなんの根拠ももたない不合理なものである。それゆえ、ルターはつぎのように述べて、三つの城壁がなんらの根拠をもたないことを明らかにする。

第一の城壁。ルターによれば、教皇、司教、司祭、修道士が霊的階級とよばれ、諸侯、君主、手工業者、農民が世俗的階級とよばれているが、これは巧妙なローマ教会のごまかしによって生じたものである。という

1）引用文は『ルター著作集　第一集2』の「キリスト教界の改善に関してドイツのキリスト者貴族に与える書」印具徹訳　聖文舎による。

のは、聖書によれば、キリスト者は一つの洗礼、一つの福音、一つの信仰をもつことによって霊的階級に属するのであり、職業のために差別はないからである。つまり、信仰者はすべて洗礼によって司祭として聖別されるのである。だからいわゆる司祭と平信徒との間には区別はない。いやむしろ信仰者はすべてが霊的階級に属する司祭であり、司教であり、教皇なのである。それゆえ、世俗的領主は真のキリスト者であるかぎり霊的階級に属しており、ローマ教会の脅迫《きょうはく》や破門をおそれる必要はなく、かえって「反キリスト者」たちを服従させることが義務となるのである。したがって、教会の権力は世俗の権力より上にあるという主張は、人間的掟《おきて》とかずかずの捏造《ねつぞう》からつくりだされたものにすぎない。

第二の城壁。もしローマ教会の主張が正しいとするならば、教皇でさえあれば、聖書についてなに一つ学んでいない場合でも聖書の教師ということになるだろう。ルターは「とんでもない」という。かれによれば、従来教皇のなかには、信仰をもたず、無学な者もあったし、誤りをおかす者も多かった。この事実によっても、「聖書を講解し、あるいはその講解を確定する権利が、ただ教皇のみに属しているというのは、傲慢《ごうまん》な作り話」なのである。したがって、キリスト者はパウロの言葉「わたしたちはすべて信仰の霊をもっている」（第二コリント　四・一三）にしたがって、聖書に基づいて、なにが信仰において正しいかを判断すべきで、教皇の言葉だけに耳を傾けていてはいけない。

第三の城壁。この城壁はさきの二つの城壁が倒されるとき、前述の理由から当然倒れるものである。ルターによれば、教皇だけが公会議を召集し、確認する権利をもつという主張は、聖書に根拠をもつものではなく、単なる有害な掟にすぎない。歴史的にも、公会議を召集したのは、使徒、長老、皇帝などであった。本来教会の権力は、教会の改善のためにのみ行使されるものであった。それなのにいまや事態はまったく逆になってしまった。ルターはこの立場から、教皇が聖書に反して行動する場合、キリスト者は教皇を罰しかつ屈服させる責任があると考え、つぎのような激しい非難の言葉を教皇にぶつけるのである。

「自由な公会議を開くことを拒《こば》むために、教皇が権力を行使しようとし、そのことで教会の改善が妨げられる場合には、わたしたちは教皇とその権力とに斟酌《しんしゃく》をくわえるべきではない。また教皇が破門し叱咤《しった》する場合には、人はこれを狂人の計画として軽蔑し、神を信頼して逆に教皇を全力をあげて破門し追放すべきである。」

討議すべき諸問題と改革への具体案

ルターは公会議が召集され、そこで諸問題が自由に討議されることを期待し、それへの問題提起を二七か条にわたって行なっている。かれはキリスト教界の腐敗が、あらゆる分野におよんでドイツ国民を困難と苦難におとしいれていることに憤激《ふんげき》し、教会の腐敗した姿を指摘すると同時に、それらがいかに非キリスト教的で非宗教的であるかを明らかにする。

ルターはローマ教会の弊害をつぎからつぎへと指摘しながら、それらの改革への具体案を述べつづける。まず最初に、教皇と教会について、つぎのような改善案が提出される。教皇は世俗的な派手《はで》な生活をやめて、「もっとも霊的」な人にふさわしい簡素な生活をすべきこと。枢機《すうき》卿の数を減らすこと。教皇は聖壇で皇帝に聖油をそそいで聖別し、王冠をいだかせる以外、皇帝以上の権力をもたないこと。ローマへの巡礼が廃止されるべきこと。教会法が定めている罰金刑ないし刑罰のいくつかは撤回されるべきこと。さらに多くの提案がなされているが、ここでは省略して、前記のもの以外で注目すべきものとして、聖職者の結婚観と学校教育の改革案とを取り上げてみたい。

まずルターは聖職者の結婚については積極的に賛成の立場をとっている。かれによれば、ローマ教会が司祭階級に結婚することを禁止してきたのはまちがっている。というのは、聖職者の結婚は「神と聖書の前にあっては、なんらいまわしいこと」ではないからである。それなのに教皇庁は誤って一つの掟をつくり、聖職者に結婚を禁じてきたのである。それゆえ、聖職者が結婚すべきかいなかは、いまやふたたび自由にされ、各人の自由と選択にまかされるべきなのである。このようにルターが聖職者の結婚を積極的に肯定する理由として、かれはつぎの三点を指摘している。第一に、司祭は肉欲の弱さをもっているだけでなく、仕事上でも妻が必要だからである。第二に、教皇は人が飲み食いして太ることを禁止する力をもってはいないように、結婚を禁止する力をもっていないからである。第三に、たとえ教皇の掟が婚姻に反対したとしても、「なんぴとも男と女とをはなすべきではないと命じたもうた神の掟が、教皇の掟をはるかに優越しているから」、その掟は無効なのである。

つぎに学校教育の面においても、ルターは徹頭徹尾信仰者の立場からその改革案を述べている。ルターは、当時の大学では聖書もキリスト教の信仰もほとんど教えられず、アリストテレスがキリストより以上に重要視されて教えられていたのに、がまんができなかったのである。だからかれは、アリストテレスの著作は、論理学や修辞学のごとき雄弁や説教に役だつものを除いては、すべて大学から除かれるべきだと考える。またルターは、高等学校や初等学校においても聖書をなによりも重要な課目として教えこまなければならないと、主張するのである。最後にルターは、世俗界への勧告として、衣服の極端なぜいたくをやめること、香料の取り引きを制限すること、飲食の乱用をやめることなどを述べて、この書を終えている。

当時、フッガー的大商人が活躍して、こうした商品を売買していたのであるが、それに対するルターの批判が、この世俗への勧告のなかにあらわれているともいえよう。既述のごとく、ルターは、キリスト者として、フッガー的商人をきらったのであった。

『教会のバビロン幽囚』

この書は神学者を対象としてラテン語で書かれた。題名は、イスラエルが新バビロニアとの戦いに破れ、イスラエル人が長い間幽囚として苦難の生活をたえしのんだ故事にちなみ、真の秘跡がローマ教会によって奴隷にされている現状を比喩《ひゆ》してつけられた。本書は神学者のために書かれた関係上、『ドイツのキリスト者貴族に与える書』ほど、表面的には煽動《せんどう》的な激烈な語調では書かれていない。しかし、その内容は、ローマ教会の根本的教理であるサクラメントを攻撃したものであり、その意味では改革論文中で、もっとも急進的な内容をもつ論文である。

ローマ教会はもともと秘跡を重んずる教会であり、そこでの神学の中心問題の一つは秘跡の教理であった。教会では一四三九年以来七つの秘跡が公認され教義とされてきた。カトリックの教義によれば、秘跡とは教会に与えられている「聖なるしるし」であり、それによって神の恩恵が与えられるものであった。

これに対して、ルターはローマ教会の秘跡の教理を総合的かつ根本的に検討した結果、秘跡をキリストによって設定された見えない恩恵の「外的なしるし」と定義した。そして秘跡の本質を信仰と約束という観点からとらえ、秘跡の数を七つから二つに減らし、晩餐《ばんさん》と洗礼の秘跡だけを認めたのである。

この著作は、今日でも、カトリシズムとプロテスタンティズムとの根本的相違を理解するためには欠くことのできない古典的文献と、みなされている。なおこの書で問題とされているのは、秘跡が単なる「しるし」であるとか、効力のある「しるし」であるとかいうことではなく、その効力の問題である。ルターはこの問題を晩餐と洗礼という二つの秘跡のなかで徹底的に論じ、根本的な変更をくわえている。それゆえ、ここでは、晩餐と洗礼の秘跡がルターによってどのように理解されているかの解明に、中心点をおきたい。したがって、ルターが他の五つの秘跡（悔い改め、聖信礼、結婚、聖職授任式、臨終塗油）をどのような理由で秘跡から排除したかの説明は省略される。

主の晩餐について

ルターは序言のなかで、晩餐、洗礼、悔い改めの三つの秘跡が認められなければならないと述べている。しかし、この書の最後の部分で、本来の秘跡はそれに付着する「しるし」をもって約束されるから、「しるし」のない秘跡は単なる約束であると論じて、厳密には晩餐と洗礼の二つの秘跡しかありえないと結論している。その理由は、晩餐と洗礼の秘跡は神によって設定された「しるし」と罪の赦しをもっているが、悔い改めにはその「しるし」が欠けているからである。

ルターはこうして結局二つの秘跡だけを残すのである。しかし、かれにとって重大なことは、この二つの秘跡さえも、ローマ教会によって幽囚の状態におかれていることであった。

最初にルターは主の晩餐がつぎの三つの点で幽囚の状態におかれてきたと主張する。

主の晩餐における第一の幽囚は、パンとぶどう酒の二種類の秘跡が司祭だけに認められ、平信徒にはパンの秘跡だけしかゆるされていないことである。ルターによれば、パンとぶどう酒の二種類の秘跡が完全な秘跡であるならば、平信徒にも二種類の秘跡が認められるべきである。なぜなら、キリストの血はすべての人びとのために流されたからである。

第二の幽囚は、司祭が「これはわたしの身体である」というと、パンとぶどう酒とがキリストの血と肉に変化するという、いわゆる化体説《けたいせつ》の主張である。ルターによれば、この説は聖書に基づくものではなく、人間のつくった教えである。しかもこの説によって、晩餐の秘跡がきわめて不敬虔な習慣にまで堕落してしまったのである。しかし、ルターはここで、化体説を魔術的な教えとして否定し、その強制を非難しているが、主の晩餐を受けることとそれ自体を禁止してはいない。

第三の幽囚は、ローマ教会では司祭がキリストの血と肉によって、もう一度「犠牲」を神にささげることだと信じられていたことである。ルターによれば、晩餐における主人は神なのである。神がその御子《みこ》を犠牲の子羊として提供する「しるし」として、人は晩餐を祝うのである。

ルターは主の晩餐における幽囚の状態を述べたのち、かれの晩餐についての解釈を示している。ルターによれば、晩餐は人が神に犠牲をささげることではなく、神による罪の赦しの約束なのである。それゆえ晩餐は、わざや功績によってではなく、信仰によって受けるべきものである。本来、約束と信仰とは一体となるべきもので、約束がなければ信仰は不可能だし、信仰がなければ約束は役だたないものである。さらに神は晩餐において「言葉」と「しるし」を与えている。「言葉」とはキリストの十字架における救いの約束、すなわち新しい契約であり、「しるし」とは秘跡である。晩餐ではキリストの言葉が契約であり、パンとぶどう酒が秘跡なのである。この両者のうちでは、「言葉」の方が「しるし」よりも重要である。なぜなら、人は神の言葉をもてば、しるしがなくともそれらを用いることができるからである。

このようにルターは、主の晩餐の本質を新しい契約と解釈して、つぎのように結論する。主の晩餐は、悩んだり、悲しんだり、迷ったりしている人びとに、罪の赦しを提供する。なぜなら、キリストの契約は、人が、疑いのない信仰をもってキリストにしたがい、神の恩恵が無代価で与えられることを信ずるならば、「過去の罪、現在の罪および将来の罪の唯一の薬である。人が信じない場合には、人はどんな行ないによっても、どんな努力によっても決して良心を満足させることはできない。なぜなら、信仰だけが良心の平和であり、不信仰だけが良心の不安であるからである」[1]と。

1)　引用文は、『教会のバビロン幽囚』藤田孫太郎訳　新教出版社　による。

洗礼の秘跡について

洗礼とはラテン語で「なにかを水のなかに完全に浸すこと」を意味する。それゆえ本来の意味からいえば、子どもを洗礼盤のなかに完全に沈めることが正しいのであるが、一般には、子どもに手で洗礼盤の水をかけてやるなどの、簡略化した方法が用いられている。

ルターによれば、洗礼とは人びとを聖別する「しるし」であり、すべての秘跡のなかでも第一のものであり、この秘跡を欠いては他の秘跡は受け入れられないものである。ルターは洗礼の秘跡において、「しるし」と信仰とその意義とが注目されるべきだと主張する。かれによれば、第一のしるしとは「水のなかに浸すこと」である。このことは、「信じて洗礼を受ける者は救われるだろう」という神の約束によって、しるしが与えられたことを意味する。つまり洗礼は、神が人の罪をなくすために設定された「しるし」なのである。しかし、この秘跡は、この世において罪がまったくなくなることを意味しているのではない。だから人は、この約束を絶えず思い起こすことによって、信仰を全生涯にわたって強め維持していかなければならない。ここに信仰の重要性がある。すなわち、信仰は洗礼が意味するものを認め、これをみたす。なぜなら、信仰は、古い人を水のなかに浸して溺《おぼ》らせ、新しい人を水のなかからひき上げるからである。ここから、第三の洗礼の意義が明らかになる。それは罪をもって生まれた人が溺死《できし》し、新しい人が生まれることである。このようにルターは、洗礼の意義を死と再生ないし霊的誕生と定義する。なおルターは洗礼が人間のわざではなく、神のわざであることを強調して、つぎのように述べている。「人間の手による洗礼は、キリスト自身が、いな、神自身が、ご自身の手をもって、わたしたちに洗礼を授けたもうものとして、わたしたちによって受けとられねばならない」と。

またルターは洗礼の秘跡の最後の部分で、ローマ教会の誤りの一つとして、誓約の重視をあげている。誓約とは、たとえば、子どもを修道院にいれることを誓うことや、貞潔を誓うことである。ルターは、いかなる誓約も洗礼の誓約よりも重要ではないと主張して、ローマ教会が他の誓約を重視することを批判する。そしてさらに、修道院にはいることは第二の洗礼であるという説に反対し、修道院誓約についての疑問を述べて、修道院制度そのものを根底から否認するのである。

『キリスト者の自由』

本書は改革論文中では最後のものである。内容は、ルターが心の奥底からあふれでる信仰の告白を厳粛な筆致で書いたもので、福音主義の信仰の神髄を明らかにしている。それゆえ、かれの著作中でももっともよく知られた、注目すべき代表作である。わずか数か月前に書かれた前記の二論文は、福音主義の立場に基づいて、堕落したローマ教会を多方面から激しい調子で批判して、宗教改革の必要性をドイツ国民に強く訴えていた。それに比較すると、本書の論調は静かで落ち着いており、同一人が書いたとは思われないほどである。その理由は、本書がつぎのような事情によって執筆されたことによるものと思われる。

当時ルターはローマ教会との妥協の不可能なことを明確に自覚して、教会の根本的改革を目ざしていた。ところが、一五二〇年一〇月、枢機卿カール＝フォン＝ミルティッツが三たびルターを訪れ、教皇と教会に対して過激な非難をしないように懇願し、レオ一〇世に弁明書を書くことを要請した。これに対して、ルターも、教皇を非難しローマ教会と論争して、いたずらに世間を騒がすことを好まなかった。それゆえ、かれの真意はけっして教皇個人を非難することではなく、なによりも教会の改善にあることを強調した。こうしてルターは、自己の真意を表明する著作を書くことを、ミルティッツに約束したのである。しかしながら、まもなくエックがルターを非難し、さらに教皇の破門威嚇の教書〝主よ立ちたまえ〟がルターに通知され、ミルティッツとの約束は相手側によって破棄された。だがルターはその約束を水に流すのも不本意に思い、自己の信仰を表明する意図をもって、一週間あまりで書きあげたのが本書である。

なお本書はドイツ語版とラテン語版とがあり、両版はあいついで出版された。しかし、内容は必ずしも同一ではなく、献上した相手も異なっている。ドイツ語版は、第一節、第二節と分節ごとにわけられ、簡潔にかれの信仰告白が述べられている。ラテン語版は分節ごとにわけられておらず、また序文と結論の部分があり、ページ数も多く、諸問題が詳細に論じられている。内容は両版とも二つに大別され、第一部では、内的な人を取り上げて「キリスト者の自由」について述べ、第二部では、外的な人を取り上げて「キリスト者の愛」について述べている。本書はルターの信仰・思想をもっともよく示すものであり、その意味で内容を少しくわしく考察してみたい[1]。

1) ここではドイツ語版の『キリスト者の自由』(石原謙訳　岩波文庫)とラテン語版の『キリスト者の自由』(山内宣訳　聖文舎)の両者を参照し、引用文だけは岩波文庫にしたがうことにした。

キリスト者とは

ルターは最初に、「キリスト者とは何であるか」という問題を提出する。そして問題解決の鍵を使徒パウロにもとめて、キリスト者の真のあるべき姿を、つぎの互いに矛盾する二つの命題の総合によって示す。

「キリスト者はすべてのものの上に立つ自由な君主であって、なんぴとにも従属しない。キリスト者はすべてのものに奉仕する僕《しもべ》であって、なんぴとにも従属する。」

ルターはこの二つの命題で、キリスト者は信仰によって自由であり、愛においてすべてのものの僕であることを表明している。「自由な君主」と「奉仕する僕」という言葉は一見すると互いに矛盾するように思われる。しかし、この二つの命題はけっして矛盾するものではない。というのは、人間は霊的性質と肉的性質をもつ存在だからである。人間は一方では、霊的、内的な新しい人とよばれ、他方では、肉的、外的な古い人とよばれる。人間の現実の姿とは、この二重性が常に相争っている姿なのである。ルターはこの人間の二重性をふまえて、キリスト者のあるべき姿を追求していく。

最初に、かれは内的な人を取り上げて、「キリスト者の自由」という問題を究明する。かれによれば、内的、霊的な人が真のキリスト者とよばれるには、神の言葉、すなわち福音だけを信じることが必要である。なぜなら、外的な事柄のうちには、キリスト者の義や自由を準備するなにものもないからである。たとえば、身体が健康でいくら元気がよくても、そのことはたましいになんの影響も与えない。同様に、司祭や聖職者が聖衣を着たからといって、それはたましいにとって飾りとなるわけではない。また身体だけで祈り、断食などをし、すべてのわざを行なったところでたましいにとっては無益である。それゆえたましいにとっては、なにか異なったものが必要なのである。そのものとは、神の言葉、神の御子《みこ》の福音、すなわちキリストのなされた説教である。人間はこの神の言葉だけで十分であり、この言葉をもっていれば、たましいは豊かで、食物、技能、平和などのすべての財《たから》も所有できるのである。なぜなら、神の言葉は生命・真理・救い・自由・知恵・栄光などのいっさいをもっているからである。だから、わたしたちは神の言葉を確信することによって、キリストを心から信頼しなければならない。キリスト者はそのことによってすべての罪を赦され、あらゆることから自由になるのである。したがって、キリスト者の第一のつとめは、神の「言葉とキリストとをよく自己のうちに形成し、この信仰を不断に鍛練し、かつ強からしめること」なのである。また、このようにつとめることによって、キリスト者は神をあらゆるものの内でもっとも真実にして義なる者として信ずることになり、神に対して万物のなかでももっとも従順なものとなるのである。

　このように、ルターは霊的性質と肉的性質を峻別《しゅんべつ》する二元論的人間観にたって、まず、自由を霊的性質のうちに、すなわち神の言葉の信仰のうちにもとめる。そしてキリスト者はこの信仰によって義とされ、この信仰こそがキリスト者に自由を与えると主張するのである。

キリストの支配権と司祭権をもつこと

ルターによれば、信仰はたましいがすべての恩恵にあずかり救われるようにするだけではなく、たましいをちょうど新婦が新郎と一体となるようにキリストに結合させる。この婚姻の結果、両者がもつ幸福、不幸などあらゆるものが共有のものとなる。ところが、キリストは恩恵、生命、救いにみちており、たましいは罪、死、刑罰にみちている。それゆえ、この婚姻によって、キリストのもつすべての善きものがたましいに属することになり、人間のもつ罪と不徳がキリストに託されることになる。だが本来キリストは神にして人であり、罪をおかすことも死ぬこともない、永遠的、全能な存在である。だから人間の罪と不徳とはキリストのなかで浄化され消滅してしまう。こうして、キリスト者は信仰により、キリストと一体になることによって、あらゆる罪と不徳とから解放されて自由となり、キリストの永遠の義を恵み与えられるのである。

さらにキリスト者はこの婚姻によって、キリストのもつ支配権と司祭権とにあずかる。というのは、キリストは王者として万物の支配権と万物を神に結びつける司祭権とをもつ者だからである。言いかえれば、わたしたちはキリストを信じるかぎり、だれでもキリストにおいて王者であり司祭なのである。ここで王者とは地上での権力者になることではなく霊的支配者のことである。それだけに信じさえすればすべてが自己の利益となり、信仰だけで十分なのである。その上にキリスト者は司祭である。このことは王者であることよりもすぐれたことである。なぜなら、司祭職はわたしたちを神の前に立たせて、他人のために祈ることに値する者とするからである。

ところで、キリスト者が信仰によってすべて司祭であるとすれば、従来の司祭と平信徒との間の区別はどうなるのか。ルターは第一七節でつぎのように答える。「聖書には、学者たちや聖職者たちを単に奉仕者、僕《しもべ》、執事《しつじ》とよんで、つまり他の人びとに向かってキリストと信仰とまたキリスト教的自由とを説教すべき任務を負う者となしているだけで、それ以外になんの差別をも認めていない」と。この第一七節が有名な万人司祭説を主張している箇所である。この思想はかなり過激な、革命的なものである。ここで、ルターは司祭としてはすべての人を平等とみなしているが、しかし一般には、福音を伝える牧師という職業を必ずしも否定したものではないといわれる。つまり万人司祭説を主張しているが、万人牧師性を主張しているのではないと解釈されている。

このように、ルターにとって、キリスト者は支配権と司祭権とをもつことによって、絶対的な自由をもって生きる者になるのである。つまりキリスト者は王者として万物を支配し、しかも司祭として万物を神に結びつけるのである。

善きわざと身体的訓練と制御

ルターは第二部で外的な人を取り上げて「キリスト者の愛」について述べる。かれは人間が身体をもつものであり、かつ他の人びとと交際して生活することから、人間に二種類の善きわざが要求されると考える。第一は肉欲をおさえるための身体的訓練と制御であり、第二は他人への奉仕である。最初に善きわざ一般が論じられ、それとの関連のもとで身体的訓練と制御が述べられる。

ルターはここで『善きわざについて』の執筆の動機となった問題をふたたび取り上げ、その問題の解明につとめる。その問題とは、ルターが述べているように、「信仰のみが人を義とするなら、なぜ善きわざが命ぜられているのか。キリスト者は信仰だけしてあとはなにもしなくてよいのか」という人びとの疑問である。ルターはこの疑問をもつ人びとがまちがっていると断言する。ルターによれば、もしも人間が内的な人であるならば善きわざをなす必要はないだろう。しかし、人間は肉的性質をもつものであるから完全に霊的ではありえない。言いかえれば、キリスト者は自由であるかぎりわざをなす必要はないが、僕であるかぎりあらゆるわざをなさなければならないのである。なぜだろうか、その理由は、キリスト者は信仰によって義とされるのであるが、かれはこの世では自分だけで生きているのではないから、身体を制御して他の人びとと交際し生活しなければならないからである。ここにわざがはじまり、また要求されるのである。だから、わたしたちは、肉欲が信仰の妨げとなり、内的な人を妨げないように身体を断食、勤行《ごんぎょう》、労働などによって訓練し制御しなければならない。またわざをなすにあたっては、神のみこころにかなうことだけを意図して自由な愛から行なわなければならない。こうしてこそ、キリスト者はいかなる標準で身体を制御すべきかを正しく知りうるのである。

さらにルターは信仰と善きわざとの関連について、「悪い木がよい実をならせることはないし、よい木が悪い実をならせることはできない」（マタイ伝　七・一八）を引用しつつ、とくにつぎの二点を強調する。第一には、善きわざがよい人をつくるのではなく、よい人が善きわざをなすのであること、第二には、悪いわざが悪い人をつくるのではなく、悪い人が悪いわざをなすこと、である。ルターはここでよい木がよい実を結ぶように、善きわざはよい人間によってなされるのであり、そのよい人間は「信仰によってのみ」つくりだされることを強調しているのである。

他人への奉仕

最後にルターは、キリスト者が他人に対してなすべきわざについて、その理由と隣人愛のたいせつさを説いている。かれによれば、人間はこの世で自分だけで生きているのではなく、他人との交際と相互扶助のもとに生きている。ここから善きわざとしての他人への奉仕の必要が生じる。それゆえ、キリスト者は自分自身のために生きるのではなく、むしろ他人のために生きなければならない。わたしたちが自分の身体を訓練し制御するのも、この目的のためであって、それによっていっそう自由に他人に奉仕できるようになるためなのである。というのは、キリスト者はその信仰によってみち足りており、その生活も自己にとっては余分なものとなっているので、心から喜びと愛とをもって自発的に他人に奉仕できるからである。ルターはキリストの生涯を示すことによって、これをいっそう鮮明に説明する。

かれによれば、キリストは神のかたちにみたされており、自分が義とされ救われるためには、いかなるわざも苦難も必要ではなかった。それにもかかわらず、キリストは僕の姿をとり、あらゆるわざをなし、苦難をうけて人間のために最善をつくした。すなわちキリストは「自由であったにもかかわらず、わたしたちのために僕になりたもうたのである。」

したがって、わたしたちはキリストがなしたように、隣人のためにいわば一人のキリストとなって、隣人の利益をはかり、その救いのためにつとめなければならない。キリスト者にとっては「信仰から神への愛と喜びがあふれでて、また愛から価なしに隣人に奉仕する自由な、自発的な、喜びにみちた生活」が始まるのである。だからキリスト者は他人への奉仕において、相手の賞讃・感謝・報酬を期待したり、忘恩・非難などを気にすることなく、たとえ忘恩や非難などによって大きな打撃をこうむろうとも、他人に役だつことであれば喜んで自分のものを与えるのである。

このようにしてこそ、キリスト者が神からもつ宝は、一人から他の人びとへと広がって共通のものとなり、各人が隣人のことをあたかも自分自身のことのように考え、ふるまうようになる。しかもこの宝はキリストから由来したものであり、今もなお、これを必要とする人びとにそそがれている。それゆえ、キリスト者は、キリストがわたしたちのためになしたように、その信仰と義とさえも隣人のために神の前にささげて、その罪をみずから受け取り、それが自分のものであるかのように行なうべきなのである。これが真実の愛というものであり、キリスト教的生活の真実の規則なのである。

ルターは終わりに全体の論旨をまとめてつぎのように結論している。キリスト者とは、「自分自身においてではなく、キリストとかれの隣人とにおいて、すなわちキリストにおいては信仰を通して、隣人においては愛を通して生活する。かれは信仰によって、高く己《おの》れを超《こ》えて神へと昇り、神から愛によってふたたび己《おの》れの下に降り、しかもつねに神と神的な愛とのうちにとどまる」と。

三大改革文書のもつ意義について

ルターは『ドイツのキリスト者貴族に与える書』でローマ教会の三つの城壁を攻撃し、教皇から世俗的権力と莫大な富を奪い取る必要性を強調した。そしてドイツ国民がローマ教会の政治的・経済的圧迫からのがれるために奮起するように訴えた。それゆえ、この書は、ローマ教会への宣戦布告書であった。したがってまた、この書は改革論文中でもっともよく読まれ、ドイツ国民の心に大きな感動を与えた。ただし、ルターのローマ教会への攻撃は、その激しさにもかかわらず、本来的にはかれの宗教的確信に基づくものであって、決して政治的配慮や道徳的義憤だけでもって書かれたものではない。この点でルターは、人文主義者やフッテンらの愛国主義者などとは異なっている。

このように『ドイツのキリスト者貴族に与える書』は、その内容、すなわち教皇権と教会体制への批判、万人司祭説の主張などによって、ルターを宗教改革の指導者にかりたてた書であった。その影響力は大きかった。しかし、ローマ教会との対決を決定的にしたのは第二の文書『教会のバビロン幽囚』であった。なぜなら、この書はローマ教会の根本的教理である秘跡を問題としており、従来の秘跡を総合的・批判的に検討して、その数を七つから二つに減らし、しかもその二つの秘跡にも徹底的な変更をくわえているからである。このことは、ローマ教会の教義に対する公然たる攻撃であり、ローマ教会の原理的な否認を意味していた。

ルターはこの二つの著書によって、中世社会を支配してきた教皇と聖職者による神政政治を否定した。しかし、ルターは、単に否定したのではない。前述の著書を見てもわかるように、ローマ教会へのルターの攻撃は、つねに福音主義の信仰に基づいて行なわれたのである。だが前述の二つの著書では、とにかくローマ教会を攻撃することが主要な目標であった。

ルターはローマ教会を攻撃しながら、「真のキリスト者とはなにか」「キリスト教的生活とはなにか」といった問題、すなわちキリスト教道徳の再建という問題を考えなければならなかった。それを示すのが『善きわざについて』と『キリスト者の自由』である。とくに後者は福音主義の信仰の神髄を明らかにしたもので、ルターの著作のなかでもっともすぐれた著作である。ルターはこの書で、「キリスト者は信仰によって自由であり、愛においてすべてのものの僕である」と宣言している。そしてキリスト教道徳の本質は神の言葉を信じ、キリストの生き方にしたがって生きることだと述べている。ただし、「キリスト者の自由」という言葉で注意すべきことは、そこでの「自由」とは、人が自分をキリストにゆだねたときに約束される自由、ということである。それゆえ、この「自由」とは、神の束縛のなかでの自由のことであり、近代における個人の自由とは異質のものである。

ルターは『キリスト者の自由』のなかで二元論的人間観を説き、霊的な人間における信仰の絶対的自由を確保し、世俗的生活のなかでも信仰をうることができることを主張した。この点でルターは進歩的な側面をもっていた。しかし、信仰における自由だけを強調した結果、その他の外的な事柄、すなわち現実の社会に対しては無関心な傾向があったといえよう。このことはかれの二元論的人間観から必然的にでてくるものである。そしてこの点に、ルターの保守性がみられるのである。この保守性が具体的にあらわれたのが、のちに述べる農民戦争観であった。

さて以上のように、宗教改革の三大文書の意義は、ルターがローマ教会との対決を公然と表明したことと、その対決を通じて福音主義の立場を明確に主張したことにあったといえよう。

宗教改革運動の進展

――『この世の権威について』――

宗教改革運動の勃発

ルターは、ライプチヒでの討論会(一五一九年七月)以後、ドイツ国民の注目の的になった。さらに宗教改革の三大文書の出版や教皇の破門威嚇《いかく》状の焼却などによって、宗教改革の指導者の旗頭とみなされるにいたった。これに対して、ローマ教会は一五二一年一月三日、正式の破門状を発布した。通例であれば、当然すぐに帝国追放刑の宣告が発せられるはずであった。しかしルターの場合には、政治的配慮から、国会での信仰の再審査という異例の処置がとられた。ルターはカール五世がはじめて開催したヴォルムス国会によびだされ、かつ弁明の機会まで与えられた。ここでかれは自己の教説の撤回をもとめられたが、それを拒絶したことは「II　生涯編」で述べた通りである。その結果、ルターは国会の閉会日(一五二一年五月二六日)に帝国追放刑を宣告されたのである。

このヴォルムス国会での帝国追放刑の勅令は、ドイツ国民がカール五世に寄せた期待を裏切るものであった。長い間社会のなかにくすぶっていた宗教的、政治的、社会的不満がにわかに高まり、ついにさまざまなかたちで爆発するにいたった。すなわち、ヴィッテンベルクでの宗教改革運動の勃発、騎士の反乱(一五二二

〜二三）、西南ドイツを中心に起こった一連の農民戦争などである。

ルターはヴォルムス国会からの帰国の途中、ザクセン選帝侯の配慮によりヴァルトブルク城にかくまわれた。かれはここに滞在中に多くの著作を書いた。なかでも特記すべきことは、新約聖書をギリシア語からドイツ語に翻訳したことである。この翻訳が近代ドイツ語の形成と精神文化の領域に与えた影響はきわめて大きい。

さらに、ヴォルムス国会でルターに帝国追放刑が宣告されたことから、一五二二年二月にはザクセンのゲオルク公が、三月にはバイエルン侯が、領民にルターの著作の売買や所有を禁止した。これに対して、福音主義に共鳴するキリスト者がいかに対処すべきかが、切実な問題となった。このような要望にこたえるために、ルターが一五二〇年秋に行なった説教を中心として一冊の書にまとめ、翌年公刊したのが『この世の権威について』である。

はじめてのドイツ語訳聖書の題扉

この書の成立事情は、直接的にはゲオルク公などによるルターの著作の売買や所有の禁止に基づいている。しかし、ルターは本書では、第一にはローマ教会を、第二にはカールシュタットなどの熱狂主義者を相手にして、政治と宗教との関係を論じている。それゆえ、この書はルターの社会倫理観をあらわす代表的著作の一つであるが、その内容はさまざまな問題点をふくんでおり、難解な著作の一つでもある。したがって、ここでは最初に『この世の権威について』の要旨を解説し、つぎにこの社会倫理観との関連のもとで、ルターの農民戦争観を究明していきたい。[1)]

『この世の権威について』

ルターはこの書をザクセンのヨハン殿下にささげ、その序文で、本書の意図を「この世の権威とその剣とについて、人が剣をどのようにキリスト教的に用いるべきか」を書くことにあると述べている。内容は三部にわかれ、この世の権威の意義、限界、運用などが示される。しかし、第二部の題目「この世の権威はどこまで及ぶか」が示すように、この第二部が中心的部分をなしている。最初に、第一部で、この世の権威の意義がつぎのように述べられる。

この世の権威の意義

ルターによれば、神は二種類の統治を区別して定めた。すなわち、信仰深い人びとをつくる「霊的統治」と、外的に平和を維持する「この世の統治」とである。というのは、この世にはキリスト者とキリスト者ではない者とがおり、しかもいつでもキリスト者は少なく非キリスト者が多いからである。それゆえ、この世にはこの二種類の統治のどちらを欠いても十分ではない。

1)　引用文は『ルター著作集　第一集5』の「この世の権威について」徳善義和訳　聖文舎による。

「なぜなら、キリストの霊的統治なしでは、この世の統治によってだれひとり神の前に義なる者となることはないからである。」

またルターによれば、キリスト者は自分のために法も剣も必要とはしないが、真のキリスト者はこの世では隣人のために生き、仕えるのだから、隣人にとって、有用で、かつ必要なこの世の権威にしたがわなければならない。したがって、この世の権威は、平和を維持し、罪人を罰し、善を守るために、神から強大な剣の力を与えられているのである。それゆえ、「キリスト者は心から喜んで剣の統治のもとに服し、税金をおさめ、権威を尊び、仕え、助け、権威に寄与することなら、なしうるすべてのこと」を行なわなければならないのである。なおルターは第一部で、この世の法をいっさい否定し、この世を直接福音によって治めようとする熱狂主義者をつぎのように非難している。「なるほど、キリスト者が自分たち自身のために法にも剣にも服さず、また、それを必要としないということはもちろん事実だ。しかし、この世をキリスト教的、福音的に治めるまえに、まずこの世をキリスト者でいっぱいにするように気をくばるがよい。だが、けっしてそんなことはできはしない。なぜなら、この世と群衆とは、みな洗礼をうけ、キリストと唱えていても、非キリスト者であるし、そうありつづけるからである」と。

この世の権威の限界と運用

ルターは第二部で「この世の権威はどこまで及ぶか」という題目をつけて、この世の権威が神の統治を侵すことのないように、その権威の領域の限界を定める。かれによれば、この世の権威に広い領域を与えると罰することが多くなり、その領域をあまり狭くすると罰することが少なくなるという弊害が生ずる。だからこの世の権威は身体や財貨などのような外的な事柄に及ぶが、それを越え、信仰を強制して、神の統治を侵してはいけないのである。

しかし、もともと賢明な君主は少なく、まして正しい君主は珍しいほどしか存在しないから、君主からはたいていの場合、最悪のものしか期待できない。それにもかかわらず、キリスト者にとって、「(この)神の〈たてた〉死刑執行人を恵み深い主君とよび、かれらの足下に伏し、大いなるへりくだりをもって臣従《しんじゅう》することは、神の御心《みこころ》にかなうこと」なのである。このように、ルターは、暴君の外的な事柄についての不法な行為に対して、抵抗せずにたえしのぶべきことを強調する。現代の歴史家のなかには、この主張から、ルターを領主の権力に屈従した「諸侯の奴隷」とみなす者もいる。この評価が妥当なものであるか否かは後半との関連において明らかになろう。

ここでルターは、単なる「忍従の倫理」を説いているのではない。かれはこの世の権威が福音を否定し、神の統治に侵入する場合には断固として抵抗すべきだと主張する。たとえば、もし諸侯や領主が教皇の側につけとか、ある信仰の本を捨てよ、と命じたならば、つぎのように答えるべきなのである。

「ご主君さま、私は身体と宝とをもってあなたに従う義務がございます。……だが、私に信ぜよとか、本を捨てよとか命じなさいますならば、私は従いません。なぜなら、そのときあなたは暴君となり、高すぎることに手をだして、あなたが権利も権威ももっていないことを命じておられるからです」と。

しかし、この反抗の場合にも、ルターは武力行使に訴えることを禁じ、せいぜい領土を立ち去ることや殉教の死を選ぶことを勧めるのである。つまりルターの反抗とは、この世の統治への反逆ではなく、自己の信仰を守るためにこうむる刑罰や不法行為を甘受する受動的抵抗なのである。

第三部では、諸侯はこの世の権威をどのように用いるべきか、という問題を、具体的な例をあげて説明している。ここでもルターは、真のキリスト者は、常に「人間に従うよりも神に従うべきである」という聖書の言葉にしたがって行動すべきことを説く。最後にこの世の権威の運用について、つぎのように要約している。

君主は「第一に、神に対しては正しい信頼と心からの祈りをもってのぞみ、第二に、自分の民に対しては愛とキリスト者としての奉仕をもって接し、第三に、自分の顧問、諸官に対しては自由な理性ととらわれない分別とをもって相対《あいたい》し、第四に、悪をなす者に対しては控え目であるにせよ真剣かつ厳格に向かうべきである」と。

以上で明らかなように、ルターはキリスト者が国家権力にどの程度にまで服従する義務があるかという問題に対して、けっして単に「諸侯の奴隷」として発言したのではない。かれは、救いの神は同時にこの世の創造者・支配者であるという立場から、回答を与えている。この神中心の世界観から二種類の統治、すなわち霊的統治とこの世の統治の主張がなされ、この両者の特異な関係が、よいにしろ悪いにしろ政治問題(とくに農民戦争)や社会問題に対するルターの主張の基盤となるのである。

なお渡辺茂氏は、この書についてつぎの三点が銘記されなければならない、と主張されている[1)]。

「㈠国家権力は神によってたてられた神聖なものであるがゆえに、たとえ不正な統治に対しても絶対服従すべきこと。㈡当局が神の言葉を否定するときにのみ断固として反抗すべきこと。しかし、この際にもかれ（ルター）は武力行使を禁止し、その国土より立ち去るか、あるいは殉教の死というかたちにおいてのみ反抗を認めたこと。㈢以上の二つはルターにあっては、神の全能に対する揺《ゆる》ぎない信仰において表裏一体をなしていたことである。ルターにおいては信仰はつねに猛烈な行為であって、それは歴史的状況によってときに保守主義のかたちをとり、ときにまた革命的な姿をとるのである。」

1）『ドイツ宗教改革―精神と歴史―』聖文舎　八〇ページ

ルターと農民戦争

農民一揆から農民戦争へ

農民戦争はルターにとって、カールシュタットら熱狂主義者との決別、人文主義者エラスムスとの対立などとあいまって、宗教改革の運動に大きな転機をもたらした事件であった。農民戦争に対するルターの態度は、古くから激しい論議の対象とされ、ルターの最大の悲劇などというような種々さまざまな評価をくだされてきた。ある研究者は、農民戦争に対するルターの態度にかれの保守性が示されていると指摘し、かれの生涯における「ぬぐい去ることのできない汚点」として批判してきた。また他の研究者は、ルターの態度を、福音主義の立場に基づく宗教改革運動の内部的粛清《しゅくせい》（〝神学的明確化）であったと、好意的に評価している。いずれにしろ、ルターの農民戦争観を正しく理解することは容易ではない。それゆえ、ここでは、できるだけルター自身の言葉にそってかれの真意を明らかにするようにつとめたい。

ドイツ農民戦争は宗教改革の影響により宗教的外観をもったけれども、本質的には政治的、社会的運動であった。それは一六世紀になって突然に勃発した大衆運動ではなく、一四世紀後半からイギリス、フランス、ドイツなどで起こった一連の「農民一揆」の流れをくむものであった。

農民戦争とミュンツァー

農民戦争は、ルターの宗教改革に刺激されて、一五二四年五月、ドイツ西南のシュチューリンゲンで勃発した。この暴動がつづいていた翌年の春、上部シュワーベンで「キリスト者同盟」が結成された。まもなく全シュワーベン農民の主要な要求をまとめた有名な「一二か条の要求」が、この同盟によって発表された。この要求は各地の農民の要求を単に列記しただけでなく、個々の要求の余白に聖書の言葉を引用して、その要求を正当化していた。しかも最後の条項には、その要求が本当に正当か否かを問うために一五名の神学者の名まえをあげて、その批判をもとめていた。ルターはその筆頭に記され、その他にはメランヒトン、ツヴィングリーなどの名があげられていた。

ルターはこのような農民からのよびかけに対して、温和な態度で『農民の一二か条に対する平和勧告』を書いた。

ところが、この書が出版される前、一五二五年四月に、シュワーベンの農民は蜂起し、城、教会、町、村などを襲い、略奪や放火をして荒れ狂うにいたった。わりあい富裕な農民層は、ルターの調停に応じたようであったが、この暴動はまたたくうちに各地に波及し、農民は暴徒化した。とくにチューリンゲンで起こった暴動は、急進主義のトマス＝ミュンツァーに率いられた貧農を主体とするもので、シュワーベンの暴動とはその質を異にしていた。ミュンツァーは「キリスト者は神の国をこの世に実現する者でなければならない」と主張し、共産主義的共和国の樹立を叫んだ。その主義に基づいて革命と暴動を指導し、一時はミュールハウゼンに共産主義的都市共同体を樹立することに成功した。

ルターはこのような事態を知り、またみずからもシュトルベルクなどで暴動を目撃して驚き、一五二五年五月、『農民の殺人・強盗団に抗して』という文書を書いた。かれはこの書で、農民が統治権力に反抗し、略奪や殺害をつづけていることを激しい語調で非難し、領主側が即座に剣をとって鎮圧すべきことを勧告した。この書は農民と諸侯がまさに一大決戦をしようとしていたときに書かれたが、出版されたのは、農民が破れ、諸侯が農民を苛酷に弾圧していたときであった。このような情勢の変化により、この『農民の殺人・強盗団に抗して』という文書は、大きな誤解を受けることになった。カトリック諸侯は、ルターが政治的配慮から本書を出版したと解釈して、その「ずるさ」を非難した。そして一方、農民たちは、本書のなかに、ルターの「許すことのできない裏切り行為」を見いだしたのであった。

「ルターと農民戦争」について結論を述べるまえに、ルターの農民戦争観を解明するため、前記の二つの文書『農民の一二か条に対する平和勧告』『農民の殺人・強盗団に抗して』を中心にして、ルターの考えを追究したい。[1)]

1) 引用文は『ルター著作集 第一集6』渡辺茂訳 聖文舎による。

『農民の一二か条に対する平和勧告』

シュワーベンの『農民の一二か条』の要求は、「キリスト教徒である読者に、キリストによる神の平安と恵みがあるように」という言葉で始まる。第一条として、村は牧師を選任しまた罷免《ひめん》する権利をもつべきこと、第二条として、十分の一税は牧師と貧民とに分配され、そのあまりは蓄積しておくべきこと、第三条として、農奴制の廃止をあげ、その他に共同地の従来どおりの使用、公正な地代、などの要求を掲げていた。

ルターは『平和勧告』で、最初に「諸侯と領主に対して」の見解を述べている。ルターは農民の暴動の原因が領主と諸侯の苛酷な統治にあることを指摘し、できるだけ早くその生活態度を改めないならば、必ず神の怒りがくわえられるであろう、と主張する。そして農民を暴動にかりたてているのは、けっしてルターの教理によるのではなく、ミュンツァーなどの殺人預言者によることを強調する。かれによれば、「一二か条」におけるいくつかの要求は、公正であり正当なものであるから、「まず初めに好意をもって」農民と話し合うべきで、即座にかれらとの戦いを始めてはならないのである。ここでルターは諸侯と領主に対して強い反省をもとめ、できるだけ戦いを避けるように要請している。

つぎにルターは農民に対して勧告する。かれによれば、農民は「キリスト者同盟」と自称し、神の掟にしたがって行動しようとしているというが、それは神の御名《みな》をみだりに唱え、けがしているものでしかない。なぜなら、キリスト者の掟とは「不正に逆らわず、剣をとらず、みずから防ぐことも、復讐することもなさずして、かえって肉体と財産を犠牲にすることであり、それを奪おうとするものには、奪うにまかせる」ことだからである。ルターはいう。「受苦、受苦、十字架、十字架、これがキリスト者の掟であって、これ以外のものはない」と。したがって、ルターによれば、諸侯や領主がどんなに邪悪で苛酷であろうとも、その事実は暴動を起こしたり、反乱を起こす理由とはならないのである。そのことはキリストがマタイ伝五章で「悪人に手向かうな。……上着を取ろうとする者には、下着をも与えよ。一方の頬《ほお》を打つ者には、他方の頬まで向けよ」といわれているとおりである。

ルターは右のような立場から、「一二か条」の要求は自然法の見地からは正当で公正なものであるが、キリスト教の精神とはなんら関係がないものだと批判する。ついで「一二か条」に言及するが、第四条以下は法律家の問題であるとして、第三条までを取り上げ、農民がその利己的要求を聖書の言葉で粉飾《ふんしょく》していることを暴露する。最後に「当局と農民の双方に対する訓戒」として、紛争の実際的な解決案を提示している。その案とは、諸侯のなかからいく人かの方伯と領主を、都市からはいく人かの市参事会員を、農民からもいく人かの代表者を選んで、友好的に討議して解決するというやり方である。ルターはこの書で、諸侯や領主が暴政をやめることを警告するとともに、農民にも過大な要求を放棄することをもとめ、両者に対して、できるだけ剣をもって戦うことを避けるよう勧告している。

『農民の殺人・強盗団に抗して』　ルターはこの書で、まず農民がかれらの申し出を忘れて暴力に訴え、強奪し、荒れ狂っているのを、まるで狂犬のようだと非難する。そして、これでは福音の名のもとに要求した「一二か条」も、真っ赤な嘘であることが明らかになったと糾弾《きゅうだん》する。要するにかれによれば、農民の行為は「悪魔のしわざにほかならない。そしてとりわけそれは、ミュールハウゼンを支配する悪魔の頭目〈トマス＝ミュンツァー〉のしわざ」なのである。

ルターは農民が、つぎのおそるべき三つの罪をおかしたとして、激しい語調で糾弾する。第一には、農民は諸侯に忠実を誓いながら、暴力をもってこれを破り、反抗していることである。第二には、農民が暴動を起こし、多くの修道院や城を暴力で破壊したこと、そして第三には、農民がかれらの行動を福音の名をもってつつみ、キリスト教的兄弟と自称していることである。ルターは農民をこのように断罪し、そのあとでいまや「地獄には一匹の悪魔も残っておらず、かれらはことごとく農民のなかにはいりこんでしまった」となげいているのである。

こうしてつぎにルターは、このような状況において、諸侯は即刻、剣をとって農民を弾圧すべきであるという。というのは、農民は福音のために戦っているのではなく、反乱をひき起こす殺人者、略奪者、神をけがす者だからである。かれによれば、異教徒的な諸侯でさえ農民を罰する権利と力とをもっており、このような悪者を罰するのは諸侯や領主の義務なのである。もし当局がこのような悪者を罰せず、その職務を遂行しないならば、それは農民が殺人をおかす場合と同じほど大きな罪を、神に対しておかすことになる。ルターはいう。「もう忍耐もあわれみも必要ではない。いまは剣と怒りのときであって、恵みのときではない」と。また「当局に味方して殺される者は、……神の御前《みまえ》には真の殉教者」である。なぜならば、「かれは神の言葉と服従のうちを歩んだからである。これに反して農民に味方して生命を失う者は永遠に地獄の火に焼かれる。かれは神の言葉と服従にそむいて剣を帯び、かつ悪魔の徒輩《とはい》であったからである」と。

ルターはこのとき、農民側が勝利をうる可能性を考慮していた。それゆえ、かれは最後の決戦にそなえて、諸侯を激励し、つぎのように述べている。「愛する諸侯よ、ここで解放し、ここで救い、ここで助けなさい。……なしうるものはだれでも刺し殺し、打ち殺し、絞め殺しなさい。」そして最後に、「もしこれがあまりにきびしすぎると思う者があるならば、反乱は許すべからざるものであり、世界の破滅は刻々と迫っているものであることを銘記してほしい」という言葉で結んでいる。

ルターの農民戦争観

ルターの『農民の殺人・強盗団に抗して』という文書は、それが出版されたとき、あまりにも農民に対してきびしく冷酷であって、あわれみに欠けているという非難を受けた。これに対してルターは、『農民に対するきびしい小著についての書簡』という弁明書を公表した。ルターはそのなかでも、「わたしの小著は正しいのであるし、今後ともその正しさを失わないであろう」と述べている。この弁明がはたして妥当なものであったかどうかについてはのちに考察することにして、ルターが農民戦争をどのように把握していたかを明らかにし、それに基づいてかれの農民戦争観を評価してみたい。

まず、ルターの農民戦争についての文書を読むと、つぎの三点が注目される。第一には、ルターは農民戦争に直面して、この世の最後が近づきつつあるという終末観に強くとらえられていた点である。第二には、ルターは農民戦争を偽預言者（とくにトマス＝ミュンツァー）によってひき起こされたものと考えていた点である。しかし、この点についてこんにちの歴史研究は、ルターの視野の狭さを指摘している。第三には、ルターは『この世の権威について』で述べている「二世界統治説」に基づいて、農民戦争をかれの特異な神学的国家観からとらえている点である。

さて、右の三点を考慮しつつ、ルターの農民戦争観を考察していくと、かれの場合、農民戦争に際しても、基本的には、神の言葉に基づく教会の改革がたいせつなことであった。かれは、農民戦争において、福音の純粋性を守り通すことを主眼とし、そのために積極的に行動し、発言したと考えられる。そのことは、ルターが『九五か条の提題』の掲示においても、ヴォルムス国会で自己の教理の撤回を拒否したときも、読む者、聞く者の反響をいっさい考慮せず、常に福音主義の立場からのみ発言したときと同じであった。ただ後者（『提題』の掲示や国会の喚問）の場合には、そのことがルターを英雄としたのに対し、前者（農民戦争）の場合には、そのことが広範な農民層の支持を失うことになった。ルター自身も民衆への信頼を失って、結果的にはルター主義（福音主義）の運動を、領邦諸侯による領邦教会の方向へ決定づけたのであった。こうした点で、ルターは悲劇的であったといえよう。

以上のように、ルターの農民戦争に対するきびしい態度は、福音主義からの当然の帰結であったとも解釈できよう。しかし、『農民の殺人・強盗団に抗して』という文書には激情がみなぎり、キリスト者としての配慮が欠けていたことを認めざるをえない。ルターは『この世の権威について』のなかで、暴君の不正な統治に対して反抗を禁じ、福音主義への圧迫に対してさえ武力行使を禁じた。それにもかかわらず、農民戦争においては、いかに強い終末観にとらわれていたにせよ、「なしうるものはだれでも刺し殺し、打ち殺し、絞め殺しなさい」と、キリスト者に武力行使を強く要求している。農民戦争が単なる人殺しや泥棒とちがって、権力の打倒を企てる暴動であるとしても、ルターは、「徹底的に弾圧せよ」という激烈な要求を、神の言葉に基づいて、正当化できるであろうか。この点については、弁明書でもなんら反省されていない。宗教改革者としてのルターの責任の重大さを考えるとき、とにかく農民に背を向けられ、またかれ自身が農民を信じえなくなったということは、ルターの生涯における一つの悲劇とみなすことができよう。

ルターとエラスムス
――「自由意志」論争を中心として――

ルターとエラスムスとの関係

ここでは自由意志論争にいたるまでの、ルターとエラスムスとの交友関係を中心に考察する。この両者の交友関係をたどることは、宗教改革とドイツ人文主義との関係の一端を明らかにすることであり、また自由意志論争が行なわれた原因を理解することでもある。

ルターがはじめてエラスムスの著書を読んだのは、一五一六年の夏のことであったと思われる。他方、エラスムスがルターの名まえを知ったのは、一五一七年『提題』の掲示が大きな反響をよんだときであった。このときエラスムスは、ルターの主張に共鳴し、ルターのために弁護するつもりであったといわれる。『提題』からライプチヒでの討論会までの間は、ルターと人文主義者との利害が一致したときであり、ルターとエラスムスとは文通で接近を深めた時期であった。この両者は惜しくも生涯会見する機会をもたなかった。文通だけで交際が行なわれた。ルターは一五一九年三月、エラスムスにていねいな手紙を送り、共同戦線をはってローマ教会と戦いたいとよびかけた。これに対して、エラスムスは「あなたの手紙をいただいて大変うれしく思います」という返事を送っている。しかし、ルターがエラスムスを自己の陣営につけようと接近工作を試みたことは、エラスムスに警戒心をいだかせた。というのは、当時多くの人びとが「エラスムスがルターを援助している」と信じ、エラスムスを「ルター派の旗手」とよびはじめていたからである。このような情勢とエラスムスの信念から、かれは中道主義の立場をとりはじめた。エラスムスによれば、党派的偏狭《へんきょう》や宗教的狂信が紛争の原因なのであり、常に批判的中道主義をつらぬくことがたいせつなことであった。それゆえ、エラスムスはまもなく知人に対して、「わたしはルターを知りませんし、かれの本も読みません」と述べるようになった。宗教的対立の激化につれて、「わたしはルターとは関係がない」という言葉がくりかえし述べられた。それにもかかわらず、エラスムスは、ルターが国会にはかることなく破門されようとしたとき、選帝侯フリードリヒに手紙を送り、ルターをローマにひき渡さないように弁護したりした。

一五二一年、ヴォルムス国会以後、エラスムスは傍観者としてとどまることを願っていた。しかし、宗教的対立はますます深刻化し、エラスムスの弟子のなかからもルターの陣営に転向するものが続出した。またエラスムスの周囲でも、「ルターに対して反論を書かないかぎり、ルター派とみなす」という脅迫が強まった。さらにヘンリー八世、ザクセンのゲオルク公、ローマ教皇なども、エラスムスに、ルターへの反論を書くようにとの要求をするにいたった。これに対して、ルターは一五二四年四月、「どうかあなたは悲劇の見物人でいて下さい」という手紙を送り、反論を書かないように頼んだ。しかし、このとき、エラスムスはすでに反論を執筆する決意をしており、その手紙は役だたなかった。このようにして、エラスムスは、つねに避けようとしてきたルターとの論戦を始めなければならなかった。こうして一五二四年九月、エラスムスの

『評論、自由意志について』は出版されたのである。ここでは最初にエラスムスの著書の要旨を、つぎにルターの『奴隷的意志について』の要旨を解説し[1]、そのあとでこの論争のもつ意義を考えてみたい。

『評論、自由意志について』

この書は四章から構成されている。第一章は序文で、エラスムスはここで、問題の提起とそれを取り扱うかれの態度を明らかにしている。第二章は、聖書から「自由意志」を肯定するように思われる言葉を取り上げ、その意義を論じている。第三章は、ルターが「自由意志」を否定するために引用している聖書の言葉を検討し、その解釈を批判している。第四章は結論の部分で、以上の検討に基づいてかれの見解を述べ、「自由意志」の存在が確立されたと主張している。

最初にエラスムスは、聖書のなかでも「自由意志」についての問題ほど、むずかしく解き明かしにくいものはないと述べる。そして「わたしの意見はといえば、わたしはまだ『自由意志』に関して古人により伝えられている種々なる見解のいずれかに対して、確実な信念をもつにいたっていないことを告白せざるをえない。ただし、わたしが考えるのは、『自由意志』にはなんらかの力がある、ということのみである」と、学者らしい態度を表明する。つづけて、「人は、神は偶然的に予知したもうのか、とか、わたしたちの意志は永遠の救いに関係のある事柄において何ごとかをなしうるのか、あるいはそれは、単に働く恩恵の働きを受けるだけのものか、また、善にせよ、悪にせよ、わたしたちがなすいっさいは、単なる必然性からなされる

1)　引用文は『ルター著作集7』山内宣訳　聖文舎による。

のか」といった問題に、「非宗教的な好奇心」をもつべきではない、と主張する。

またエラスムスによれば、「自由意志」とは、「人間が永遠の救いへと導くような事柄へ自分自身を適応させたり、あるいはそのようなものから身をひるがえしたりしうる、人間の意志の力」である。この自由意志は立場の相違によってつぎのように二様に解釈され、極端化されてきた。「自由意志」の存在を主張する人は、この存在を否定し、なんらの善きわざもなさないで、救いに絶望している人びとを救うために、その存在を強調してきた。また反対に「自由意志」を過小に評価した人は、人間が自分の力に頼ることがいかに信仰の妨げになるかを憂慮して、神の恩恵を強調してきた。このことはペラギウスとアウグスチヌスとの論争からも理解される。このように、エラスムスは単に自由意志の存在を強調しているだけではなく、自由意志論争の起こる原因にもふれ、「自由意志」と「恩恵」という神学的問題を論じている。

エラスムスによれば、「自由意志」と「恩恵」との関係は相互作用と考えられる。すなわち人間の救いは、ほとんど「恩恵」の働きによってもたらされるものであるが、人間から神への働きかけも少しは認められなければならない。この点について、エラスムスは言う。「わざはすべて神に負うところのものであって、神なしにはわたしたちは何ごとをもなしとげることはできない。そして『自由意志』が提供するものはごくわずかなものであって、しかもそのこと自身も神の賜物」なのである、と。したがって、かれによれば、自由意志をまったく否定し、万事が必然性によって生ずるならば、あるいは人間は神の単なる道具にすぎないならば、聖書のなかの多くの勧告、命令、非難、要求はまったく意味のないものになってしまうのである。なおエラスムスは、「聖書のおかしがたい権威と教会の諸教令に抵触《ていしょく》しさえしなければ、いつでも容易に懐疑派の徒の見解にくみしたいと思った」という言葉を述べている。この言葉はエラスムスが、教会の権威と伝統を擁護している点と、かれの懐疑主義の立場を述べている点で、注目される。

『奴隷的意志について』

エラスムスの著書『評論、自由意志について』が出版されたとき、ルターはすぐこの書を読んだが、これに対する反駁《はんばく》書の執筆にはなかなかとりかかれなかった。当時ルターは、カールシュタット批判や農民戦争などといった重大な問題に直面しており、エラスムスに対して早急に回答する必要性を感じながら、その回答を書く時間がなかった。右のような事情により、ルターの反駁書『奴隷的意志について』は、一五二五年の暮になってようやく出版された。

この書は簡単にいえば、エラスムスの「自由意志」論を否定し、人間はもはや自由を失い、奴隷的であることを述べたものである。ルター自身の言葉によれば、かれの著作のなかで『教理問答書』とともに、もっとも重大な著作とされる。後世の研究者は、この書におけるルターの見解に対してさまざまな解釈をくだしており、問題点の多い著作である。が、ルターの神についての概念を理解するために欠くことができないものであるので、ここでは二つの項目にわけて、ルターの見解を解説してみたい。

なおこの書は、エラスムスの著書に対する反駁書である関係上、その構成も『評論、自由意志について』にしたがって、四章から成っている。この書がエラスムスの著書の構成と異なる点は、冒頭に回答の遅れた理由を述べた序文があることと、第二章の最初で、エラスムスの「自由意志」についての定義を取り上げてこれを検討していることである。

神はいっさいを必然的に予知し行なう

ルターは最初に、エラスムスが序文で述べた二、三の問題を取り上げ、それらを具体例をあげて反論する。なかでも、エラスムスが「人は、神は偶然的に予知したもうかとか、わたしたちの意志は永遠の救いに関係のある事柄においてなにごとかをなしうるか……」という問題に〈非宗教的な好奇心〉をもつべきでない、と主張した点に強く反駁する。

ルターによれば、キリスト者が永遠の救いを志《こころざ》すにあたって、なにごとをなしうるか、を知ることは特に重要なことである。というのは、人間が神に対してなにを、どれくらいなしうるかを知らないことは、神のわざと力とを知らないことを意味するからである。このように、人間が神のわざと力とを知らないということは、神そのものを知らないことを意味する。それゆえ前述のような問題を知ることは、けっして〈非宗教的〉で〈好奇的〉で余計なことではない。逆にこれこそ宗教的で重大な問題であり、この討論の中心点なのである。なぜなら、この論争は『自由意志』が何をなしえ、何を受動するのか、またそれは神の恩恵に対してどのような態度をとるのか、ということを吟味する」ことにあるからである。

つぎにルターは、キリスト者にとって、「神は偶然的にあることを予知したもうのか」「わたしたちはいっさいを必然性からなすのか」という問題を理解することも、〈非宗教的〉で〈むなしい〉ことではなく、決定的に重大な問題であると主張する。それゆえルターはつぎのように述べて、エラスムスの著書の主題と内容とのずれを指摘する。「人間の意志がなにをなしえ、神がなにをなしていたまい、また神は必然的に予知したもうかどうかを、君がわきまえていなければ、君は『自由意志』のなんたるかを知りえない」と。そしてもし人が、神がいっさいを必然的かつ不変的に予知し行なうことを疑問視するならば、「どうして君は神の約束を信じ、それをたしかさをもって信頼したり、それに身をゆだねたりすることができるであろうか」と反論する。

さらにルターは、エラスムスが「神は本性上、義であり、もっとも憐憫《れんびん》に富みたもう」と述べたことを取り上げ、これが真ならば、神は不変的に義であり、憐憫に富むことになるのではないか、と論じて、つぎのように結論を述べている。

「わたしたちがなすいっさいは、また生成するいっさいは、たとえわたしたちには可変的偶然的に生じるようにみえても、それでも神の意志を注視するなら、逆に、必然的不変的に生じている、ということである。なぜなら、神の意志は活動的で妨害されえない。というのは、それは神の本性の力そのものだからである」と。

「自由意志」の定義についての反論

ルターは第二章の最初で、エラスムスの「自由意志」の定義を検討する。エラスムスはつぎのように「自由意志」を定義した。「そういう力によって、人間が永遠の救いへと導くような事柄へ、自分自身を適応させたり、あるいはそのようなものから身をひるがえしたりしうる、人間の意志の力。」

ルターによれば、この定義はその部分を説明しておらず、不完全な定義である。というのは、「厳密に検討すると、定義されている事柄は、定義よりも広範囲のもの」だからである。本来「自由意志」は神にだけ属するものである。それゆえ、エラスムスがある種の意志決定を人間に認めることは正しいが、「『自由意志』を、神的な事柄において、人間に帰することはいきすぎたことである。」なぜなら、一般には「自由意志」という言葉は、人が律法や神の命令に拘束されずに、好むことを神に向かってなしうることを意味するからである。

つぎにルターは、この定義の各部分を検討する。かれによれば、〈――へ導く〉〈適応させる〉〈身をひるがえす〉などという言葉は不明瞭でどう考えるのかわからない。このように、定義が不明瞭な部分をふくむことは、何も定義していないことに等しいのである。そのような不明瞭さを認めたうえで、ルターは、〈永遠の救いへと導くような事柄〉を神の言葉とわざのことだと解釈する。というのは、神の言葉とわざだけが神の恩恵や永遠の救いに導くからである。また〈永遠の救い〉とはそもそも人間の理解をこえたものである。ところが、エラスムスによれば、「『自由意志』とは〈人間の意志の力〉であり、この力は、それによって〈人間〉がおのれの能力と理解をこえる事柄へと導かれるものである神の言葉とわざとを自分自身で、欲したり欲しなかったりすることができるものである。」したがって、エラスムスの定義を右のように解釈するならば、人間はいっさいのことを欲しうることになる。それゆえルターはいう。「この場合、恩恵や聖霊に何が残されているのであろうか。これは明らかに『自由意志』に神性を帰するものだ。なぜなら、律法と福音を欲し、罪を欲せず、死を欲するということは、ただ神の力にのみ属することだからである」と。

またルターは、この定義がエラスムス自身の説とも矛盾することを指摘する。エラスムスはこの定義のまえで、「人間の意志は恩恵なくしては〈まったく効力がない〉といっている。」それにもかかわらず、この定義では、人間の意志は永遠の救いに関係のある事柄に対しても有効な力をもつと述べている。これは明らかに矛盾している。こうして、ルターは、エラスムスの定義を、哲学者やペラギウス派の徒やカトリックの神学者よりもひどい矛盾をおかしている前代未聞の定義であると、批判するのである。

「自由意志」と「恩恵」

ルターは第四章で、パウロとヨハネの言葉を引用して、「『自由意志』は無だ」という奴隷意志論を積極的に展開している。ここでは、ルターがパウロの言葉を証言として、エラスムスに反論している部分を考察したい。

ルターによれば、パウロはローマ書で恩恵に味方し、「自由意志」に反対している。パウロはつぎのように述べている。「神の怒りは、不義をもって真理をはばもうとする人間のあらゆる不信心と不義とに対して天から啓示される」（ローマ人への手紙　一・一八）「つぎのように書いてある。義人はいない、ひとりもいない。悟りのある人はいない。すべての人は迷い出で、ことごとく無益なものになっている。善を行なう者は

いない、ひとりもいない」(ローマ人への手紙　三・一〇〜一二)

ルターによれば、この言葉のなかに、善に向かって努力する「自由意志」の力はまったく認められない。なぜなら、すべての人は神を知らず、神をもとめないからである。このパウロの言葉は、すべての人が神を侮《あなど》り、悪へと迷い出て、善に対して無力になっていることを、明瞭に示している。したがって、人間には神をもとめようと努力する力は存在しない。それゆえ、パウロは、すべての人がみずからの力では何ごともなしえないことを明らかにし、神の恩恵がすべての人に必要であることを強調したのである。

さらにパウロはこう述べている。

「しかしいまや、神の義が、律法とは別にしかも律法と預言者とによってあかしされて、現わされた。わたしはいうが、それは、イエス＝キリストを信じる信仰による神の義であって、かれを信じるすべての人のうちに、また上にあるものである。そこにはなんらの差別もない。すなわち、すべての人は罪をおかしたため、神の栄光を欠いており、かれらは価なしに、神の恵みにより、イエス＝キリストによる贖《あがない》によって義とされるのである」(ローマ人への手紙　三・二一〜二五)

ルターは右のパウロの言葉こそ、「自由意志」を徹底的に否定するものだとして、その論拠を明らかにする。ルターによれば、重要なことは、第一に、パウロが信仰は律法とは別に恩恵からくることを明らかにして、神の義を律法の義からわけ、さらに人が義とされるのは信仰によると述べた点である。第二に、パウロが人類を二つにわけ、神を信じる者には神の義を与え、信じない者にはそれを与えていないことである。このことは、「自由意志」の努力が、キリストを信じる信仰と異なることを明らかにしている。第三に、「価なしに、神の恵みにより義とされる」ということである。この言葉は、エラスムスが「自由意志」に帰したものが、どんなにわずかであろうとも、それによって功績に余地を残したことがまちがっていたことを、指摘している。

ルターは右のようにパウロの言葉を引用して、エラスムスの「自由意志論」に反駁し、救いが神の恩恵によることをつぎのように宣言している。

「恩恵は価なしに、功績なき者、資格なき者に与えられるものであって、いかなる献身や努力や、大なるわざや小なるわざによっても、そしてそれがたとえ燃えるような熱心で義を追いもとめた最善にしてもっとも道徳的に正しい人びとのものであっても、決してそれらによってえられるものではないことを、確証する以外の何であろうか」と。

「自由意志」論争のもつ意義

わたしたちはこの論争の評価にあたって、はじめからルター側に加担して、ルターの信仰絶対主義がエラスムスの懐疑主義を圧倒したと一方的に考えるのは、あやまりであろう。というのは、ルターとエラスムスとの論争は、今日にいたるまで決着をみていないほど複雑な問題をふくんでいるからである。それゆえこの論争のもつ意義をできるだけ正しく理解するためには、エラスムスとルターのキリスト教観、歩んできた道（人文主義者と宗教改革者という相違もふくめて）ならびに両者の性格、また当時の社会情勢なども考慮することが必要であろう。

エラスムスは聖書研究を通してイエスの人格と教訓を学び、聖書のなかで山上の垂訓のところに道徳的な教えを見いだし、山上の垂訓こそキリスト教の神髄であると理解していた。それゆえ、かれは、山上の垂訓を守ることをキリスト者の最高の義務と考えていた。エラスムスのこのようなキリスト教観は、結局かれの合理主義と道徳主義から帰結するものであり、人文主義の立場を示すものであった。それはルターのキリスト教観とまったく異なっていたのである。しかしながら、エラスムスが周囲の人びとに迫《せま》られて、ルターと対決しようとしたとき、「自由意志」という神学上の中心問題を提出したことは、そのこと自体かれの偉大さを示すものであった。それだからこそ、ルターは『奴隷的意志について』の最後の箇所でつぎのように述べて、エラスムスを賞讃したのである。「ほかのだれにもまして、事態そのものを、つまり訴訟の核心をついたのはただ君だけであって……、ただ君ひとりが事態の要《かなめ》を見た人であり、……このことに対してわたしは心から君に感謝する」と。

エラスムスがこの論争で主張したことは、救いはほとんど神の恩恵によってなされるが、人間の側からの働きかけも少しは認められなければならないということであった。この主張は、「自由意志」の問題について多少の保留条件を認めていたカトリック教会の立場と、一致するものであった。これに対して、ルターは、人間における「自由意志」の存在をきっぱりと否定し、救いをただ神の独占的に働く恩恵の力に帰したのである。またルターがエラスムスを激しく非難したのは、エラスムスが人間の教養や才能に頼りすぎ、

エラスムス

宗教を人間存在の最高のものと考える道徳主義の立場をとり、神の恩恵を十分に強調していない点であった。
　このように「自由意志」論争での中心問題は、単なる人間の意志の可能性の問題ではなく、「人間の義」か「神の義」か、という信仰にとって決定的に重要な意義をもつ、「救い」の問題であった。ルターはこの「救い」の問題、すなわち神の栄光と福音がエラスムスによって危険におちいっていることを見抜き、この点から『評論、自由意志について』の見解に反駁したのである。この点に関しては、宗教改革者としてのルターの方が、エラスムスよりも、信仰を最深のところで正しく把握していたといえよう。

ルター思想の意義

宗教改革の本来的意図　今までルターの代表的著作に基づいて、ルターの思想を、できるだけかれ自身の言葉にそって解明してきたつもりである。それゆえ、今度はルターの思想的基盤、宗教改革の原因、ルターの思想のもつ意義などの問題を考察し、最後にルターと現代という問題を述べてみたい。

しかし、これらの諸問題を取り上げるまえに、「宗教改革の本来的意図はなににあったか」という問題が明らかにされる必要がある。なぜなら、宗教改革の本来的意図が解明されてこそ、はじめてほかの諸問題のもつ意義が明らかになるからである。それでは宗教改革の本来的意図はなににあったのか。それはなによりもまず宗教の回復、すなわち原始キリスト教の回復にあった。[1] それはなにからの回復であったか。もちろん中世のキリスト教からの回復である。しかも宗教改革は単なる原始キリスト教の回復ではなく、さらに進んで深化を意味していた。それゆえ、宗教改革は第一にはキリストの福音を純粋にとらえようとする宗教運動であった。ところが、当時のカトリック教会が社会秩序の基本構造に密接に関係していたことから、宗教改革運動

1) 北森嘉蔵氏がこのことを強調している。『講座近代思想史II』参照。

は必然的に社会改革運動と結びつくことになったのである。このことはルターの場合とくによく妥当する。もともとルターの思想の原点ともいうべきものは、きわめて個人的な救いの問題であった。かれが救いの本質とその条件を見いだそうとして、長い間苦悶したあとで到達したのが、いわゆる「福音の再発見」といわれるものであった。前述のように、ルターの「新たな義の理解」は、あらゆる外的制度（政治的、社会的制度など）にまったく関係なく、世間をはなれた修道院のなかで把握されたものであった。こうしてルターは、パウロの言葉、「人が義とされるのは律法の行ないによるのではなく信仰によるのである」を、確信するにいたったのである。この「神の義」についての新しい理解こそ、ルターの改革思想の核心をなすものであったといえよう。なぜなら、神についての思想はキリスト教における中心問題であり、その解釈の相違は教会観にも決定的な影響をもたらすからである。

ルターは、晩年に、新たな義の理解は突然の霊感によって体得されたものだと述べている。しかしルター研究者は、その理解はルターのなかで漸進的に発展し、ある瞬間に突然明確に意識されたものであろうと推察している。

このようにルターの改革思想の原点ともいうべきものは、あくまでもかれ自身のために救いの問題を真剣に追求したところに、獲得されたものであった。ルターが「福音の再発見」ののち教会をみつめたとき、そこに多くの矛盾するものがみられた。かれがその矛盾を指摘し、真の救いを説きはじめたとき、カトリック教会との衝突は避けられないものとなったのである。ただし、ルターの著作と行動が強大な反響をよびおこし、宗教改革が力強い大衆運動として展開するにいたったのは、ルターの改革思想の偉大さとともに、当時の社会の複雑な諸事情に基づくものであることを忘れてはならない。というのは、ルターも時代の子であり、かれの業績は、当時の社会情勢などとの関連においてのみ意義深きものとなるからである。

ルターは、本来、哲学者でも狭い意味での神学者でもなかった。かれは自己を第一に聖書の注解者と考え、それの遂行に自己の使命を見いだしていた。それゆえ、かれの関心は、常に神の賜物であるキリストの福音を強力に主張することにあった。それだからこそ、ルターは、宗教改革運動の中心人物として活躍することになったのである。

ルターの思想的基盤

前節で述べたように、ルターの改革思想の原点が、「新たな義の理解」にあることは明らかである。そのことは、今世紀におけるルターの初期講義についての研究によって確認されている。それではルターは、教会ないし哲学の伝統をどのような態度で受けとめ、それを摂取し、それをのりこえて、「新たな義の理解」に到達したのであろうか。この問題を解明するには、ルターの思想形成期における環境と、そこでかれがどのような思想に接触し、その影響を受けたかを明らかにしなければならない。

現代のルター研究は、ルターの育った家庭や学校教育が、かれの思想形成に特別の影響を与えなかったことを明らかにしている。ルターの思想的基盤を問題とするとき、最初に注目されるのは、ルターが精神的破局におちこみ苦悶した場所である、アウグスチヌス派の修道院の特殊性である。この修道院は規律遵守派に属し、そこではアウグスチヌスが尊敬されるとともに、神学研究（とくにオッカム主義）が盛んであり、それに聖書研究が義務づけられていた。ルターがこの修道院にはいった動機についてもさまざまに推測されているが、重要なことは、ルターがこの修道院で激しい精神的苦悶を通じて、「新たな義の理解」に到達したことである。それゆえ、ここでは、ルターが修道院でどのような神学を学び、どのようにして精神的破局におちいり、どのようにしてそれから脱出して「新たな義の理解」に到達したかということに、視点を限定して考察してみたい。

ルターの時代は、今日とはちがって、まだ神学と哲学とが緊密に結びついていた時代であった。だが、トマス＝アクイナスの神学はすでに過去のものとなり、神学の動揺が始まっていた。オッカム主義の流行はそれを示すものであった。ルターはエルフルト大学でオッカム主義を学び、影響を受けた。オッカム主義は、救いは神が選んだ人に与えられると説くと同時に、他面では人間の自由意志を認め、人は善きわざによって救いにあずかることができると主張していた。若きルターはオッカム主義の主張に共鳴し、善きわざを行ない、修道院の規則を厳格に守ることによって心の安らぎに到達しようとした。しかし、安らぎは獲得できなかった。またルターは、教会がアウグスチヌスより継承してきた予定説も、理解できなかった。予定説とは、神は前もってある者を救いに定め、ある者を滅びにまかせることを決定しているという思想である。ルターはオッカム主義とアウグスチヌスの教説を学び、それらの教説を忠実に行なうことによって心の安らぎに達しようとし、逆に精神的破局におちいったのである。

ルターをこの精神的破局から救いだし、かれに新生の体験をもたらしたのは、究極的には神の力であったが、そのための助産婦の役割を演じたのが、ドイツ神秘主義と聖書研究であった。ルターは自己の精神的破局について、上役であるシュタウピッツに率直に打ち明け、そのあたたかい忠告によって新生への道を進んだのである。かれはシュタウピッツを通してドイツ神秘主義に接した。ドイツ神秘主義とは、元来神と人との直接的結合によって信仰の純粋化をはかろうとするもので、救いは修道院だけでなくその他の場所でも見いだせると主張し、汎神論的傾向を強くもっていた。

ルターはドイツ神秘主義から、善きわざは人間を虚栄と自己満足に導くこと、人間は謙虚になって神にすべての栄光を帰すべきことなどを学んだ。ルターを精神的破局から救い、かれの決定的な前進を可能にしたものとして、かれの聖書研究(とりわけパウロ研究)があげられる。ルターがパウロ研究から多大の影響を受けたことは、『ローマ書講義』での箇所で述べたので、ここでは省略する。

宗教改革の原因

前節では、若きルターが修道院でどのような思想に接触し、精神的破局から脱出して「新たな義の理解」に到達したかを述べた。それゆえ、ここでは、ルターの新たな義の理解が宗教改革運動へと発展することを促進した諸原因を、簡単に考察してみたい。

一六世紀初頭にドイツで宗教改革が起こりえた背景的原因としては、まず当時における世界の政治情勢(とりわけキリスト教世界とイスラム世界との対立)とヨーロッパ、とくにドイツの政治的・社会的情勢とがあげられる。当時、イギリス、フランス、スペインなどの国は絶対主義国家として確立するにいたっていたが、ドイツとイタリアだけがまだ国民国家を形成できず、依然として封建的分裂がつづいていた。他面、ローマ教皇は、教会国家の支配者として、国際政治や世俗生活にまで関与し、ドイツから多くの財貨を搾取していた。そして、このような状況のなかで、はじめにふれたごとく、一方では、フッガーをはじめとする巨商が活躍して、政治までも支配する「フッガー時代」をつくりだしていた。他方では、商業の展開につれて上昇してきた農民層の力は、現実の教会的・封建的体制に対する不満ないし批判を、一揆によって爆発させていた。こうした社会的・政治的状況のもとで、一六世紀初頭にハプスブルク家のカール五世が、巨大な神聖ローマ帝国の皇帝として君臨したのであった(一五一九年)。

かれは、オスマン・トルコのヨーロッパへの積極的攻撃に対して常に守勢の立場にあり、ドイツに起こった宗教改革に干渉する余裕をもっていなかった。このようなヨーロッパ諸国の国際的・政治的関係と、ドイツの社会的(経済的・政治的)情勢とが、ドイツにおける宗教改革を可能にした大きな原因であった。

つぎに宗教改革の精神的原因として、ローマ教会に対する不満があげられる。一般に宗教改革の原因は、ローマ教会の堕落によるといわれる。たしかに当時のローマ教会は世俗化し堕落していた。しかし、今日の宗教改革研究者は、中世末期をローマ教会の堕落の時期と規定するのに慎重な態度をとるようになっている。その理由は、当時、なるほどローマ教会の堕落は著しかったが、ドイツでは、依然として教会の道徳的権威は微動だにしていなかったからである。宗教改革直前のドイツでは、無数の聖壇がつくられるほど、熱烈な宗教的関心が支配していた。このような傾向から、リッター教授は、論文『宗教改革の精神的原因[1]』のなかでつぎのように述べている。

かれによれば、宗教改革の精神的原因には二つの異なる領域がある。一つは、社会現象および法律制度としての教会に対する批判である。すなわちローマ教皇庁の中央集権化に対する、贖宥制度に対する、聖職者の退廃に対する憤激である。この批判はきわめて強く一般受けしたが、政治手段で無力化される粛正《しゆくせい》運動以上のものにはなりえなかった。他の一つは、救済施設としての教会に対する宗教的批判である。この批判はさまざまの神秘主義的信仰から由来するものであり、教会の精神的根源を揺り動かすものであった。しかし、この批判には外面的活動性が欠けていた。

ルターの偉大さは、この異なる二つの領域の批判を合一したことであった。ルターはこの二つの批判を含有していたからこそ、宗教改革運動の中心人物として活躍できたのである。だからルターは、もっとも深遠な思想家であると同時に、強力な預言者的性格をもつ人物であった。このようにリッター教授は述べている。またドイツ人文主義も、その批判精神の面において、間接的にではあるが宗教改革を準備したといえよう。

1) ゲルハルト＝リッター著『宗教改革の精神的原因』　西村貞二訳　新教出版社　九〜三一ページ

ルターの思想のもつ意義

宗教改革の本来的意図は、なによりもまず原始キリスト教の回復にあった。それでは中世のキリスト教は原始キリスト教の信仰をどのようにゆがめ、不純化していたのであろうか。ここでも注意すべきことは、ルターは中世キリスト教界の堕落に憤慨してローマ教会を否定したのではないという事実である。かれの偉大な点は、中世のキリスト教のもっともすぐれた神学者（アウグスチヌスやトマス＝アクイナスなど）の教理のなかに、福音を不純化するものを見いだしていたことにある。

中世は、周知のように、キリスト教神学と哲学とが緊密に関連し合い、融合していた時代であった。このことは、中世キリスト教神学の完成者といわれるトマス＝アクイナスの場合を見れば、理解できる。かれは、アリストテレスの哲学を採用してキリスト教の教理を見事に体系化した、神学者であった。中世におけるこのような神学と哲学との総合は、一方では、たしかにキリスト教界の組織化に非常に貢献した。しかし他方では、この総合は、哲学が神学を、すなわちキリスト教の信仰を弱めるという結果を促進した。つまりキリスト教の信仰とギリシア哲学との壮麗な結合は、キリストの十字架に示された「神の愛」を軽視するという結果を生じたのである。

ルターがローマ教会と対決し、これを否定しなければならなかったのは、中世キリスト教のこのような傾向を認めることができないからであった。かれは、中世キリスト教のこのような欠陥が、いまや福音を不純化するにとどまらず、教会の腐敗とあいまって、真の信仰そのものを人びとから奪っていることを見抜いたのである。それゆえルターは、「福音の再発見」ののち、人間を義とする神のわざを単に観念的に述べることなく、常にそれをイエス＝キリストの上に基礎づけて述べている。そしてキリストの十字架を除いては聖書の言葉は理解できないとし、この立場から「聖書のみ」を強調したのである。

ルターは、真の生ける神を発見し、それに基づいて人生を正しく生きようと日夜苦悶して、「新たな義の理解」に到達した。そしてローマ教会との戦いの進展にともなって、「信仰のみ」「聖書のみ」「万人司祭性」などの原理を明確にしていったのである。こうしてかれは、「世間のなかでこそ」福音を実践すべきだと確信して、ローマ教会をはなれ、福音主義の信仰を主張したのであった。ルターのこの点に、近代キリスト教の精神がみられるといえよう。

しかし、ルターの第一の関心は福音の純粋な把握にあり、人間性の肯定や解放ではなかった。それは、神を重んじ、人間の罪を徹底的に強調する神中心主義であった。だが、ルターの思想は、人間の内面的変革を真剣に問題とすることによって、結果的には、近代の新しい人間性を生みだすきっかけをふくんでいた。またルターの改革はカルヴァンによっていっそう徹底化され、現実の職業生活をきびしく精励することのなかに神の栄光をみるという姿勢を生みだした。そして、それが、マックス＝ウェーバーのいうごとく[1)]、近代市民社会ないし近代資本主義の成立に寄与することになったのである。

1) 『プロテスタンティズムの倫理と資本主義の精神』 マックス＝ウェーバー著 大塚久雄訳 岩波文庫

あとがき

わたしは本書の執筆にあたって、「参考文献」であげたものをはじめ、すぐれたルター研究者の、翻訳や著書から、いろいろ教えを受けた。なかでも石原謙・岸千年・高橋三郎・渡辺茂の四氏の著書からは、とくに多くの教示を受けた。また、藤田若雄先生は、かつて集会への出席を許してくださり、その後も「東京通信」を通して、キリスト者の生き方を教えてくださった。藤田先生の著書『矢内原忠雄』(教文館)を読み、わたしのごとき者が、ルターの解説を試みたことをただ恥じるばかりである。なお吉川敦・斉藤顕の両学兄からは、貴重な研究書を貸していただいた。ここで、これらの方がたに、心から感謝の意を表し、お礼を申しあげる。

わたしは、自己を学問的にも人間的にも未熟な者と自覚しつつ、できるかぎりルターの生涯と思想を正しく、かつわかりやすくえがくことを試みたつもりであるが、思い違いや解釈のまちがいがあることと思う。読者のご批判をいただければ幸いである。

昭和四四年九月

泉谷周三郎

ルター年譜

西暦	年齢	年譜	背景をなす社会的事件、ならびに参考事項
一四四五年			**グーテンベルク、活版印刷を発明**
一四八三		**ルター生まれる**（一一月一〇日中部ドイツのアイスレーベンにて）	
一四八四	二歳		ツヴィングリ生まれる
一四八八	五	マンスフェルトのラテン語学校に入学	
一四九二	九		コロンブス、アメリカ大陸を発見
一四九七	一四	マグデブルクのラテン語学校にうつる	メランヒトン生まれる
一五〇一	一八	エルフルト大学に入学	
一五〇二			ヴィッテンベルク大学創設される
一五〇五	二二	一月、修士の学位を受ける 七月二日、**落雷にあい、修道士になることを誓う** 七月一七日、エルフルトのアウグスチヌス隠修士会にはいる	
一五〇六	二三		ローマの聖ペテロ聖堂の建造始まる

一五〇七年	二四歳	四月、司祭に任命される	
一五〇八	二五	ヴィッテンベルク大学で講義を受けもつ	
一五〇九	二六		**カルヴァン生まれる**
一五一〇	二七	一一月、ローマに旅行	
一五一二	二九	一〇月、神学博士となり、ヴィッテンベルク大学の神学部教授に就任	
一五一三	三〇	**詩篇の第一回講義を始める**	レオ一〇世、教皇となる
一五一五	三二	「ローマ人への手紙」の講義を始める	
一五一六	三三	「ローマ人への手紙」の講義を終え、「ガラテヤ人への手紙」の講義を始める	**エラスムス、「ギリシア語新約聖書発刊」**
一五一七	三四	**一〇月三一日、『九五か条の提題』をヴィッテンベルクの城教会の扉に掲示する**	
一五一八	三五	四月、ハイデルベルクでの討論 八月、ローマより召喚状を受け取る 一〇月、アウグスブルクでカエタヌスの審問を受ける	八月、メランヒトン　ヴィッテンベルク大学の古典語教授となる
一五一九	三六	一月、アルテンブルクでミルティッツと会談 七月、**ライプチヒでの討論会に参加** 九月、「**ガラテヤ人への手紙講解**」 一一月、「洗礼という聖なる尊いサクラメントについ	一月、皇帝マキシミリアン死ぬ 六月、カール一世皇帝に当選し、神聖ローマ皇帝カール五世と称する

一五二〇年	三七	ての説教」 五月、**「善きわざについて」** 八月、**「キリスト教界の改善に関してドイツのキリスト者貴族に与える書」** **「教会のバビロン幽囚」** 一一月、**「キリスト者の自由」** 一二月、**教皇の破門威嚇の大教書を焼く**	
一五二一	三八	一月、正式の破門状が発せられる **四月一八日、ヴォルムス国会で決定的発言をする** 五月、ヴァルトブルク城に保護される 五月二六日、ヴォルムス勅令発布され、帝国追放の刑に処せられる 一二月、**ヴィッテンベルク教会で紛争が生じる**	教皇レオ一〇世死ぬ
一五二二	三九	二月、**ドイツ語訳「新約聖書」を完了し九月に出版する**	教皇ハドリアヌス六世即位
一五二三	四〇	三月、**「この世の権威について」**	五月、ジッキンゲン死ぬ 八月、フッテン死ぬ
一五二四	四一	「ドイツ全市の参事会員にあてて」 「商取り引きと高利について」	六月、**農民戦争始まる** 九月、エラスムス**「自由意志論」**を書く

一五二五年	四二歳	一二月、**「天来の預言者らを駁す、聖像とサクラメントについて」** 五月、**「シュワーベンの農民の一二か条に対する平和勧告」** **「農民の殺人・強盗団に抗して」** 六月、**カタリナ＝フォン＝ボラと結婚** 七月、「農民に対するきびしい小著についての書簡」 一二月、**「奴隷的意志について」**	三月、農民の「一二か条」発表される 五月、**フリードリヒ賢明侯死ぬ** **ミュンツァー**処刑される
一五二六	四三	六月、長男ヨハネス誕生	六月、シュパイエル国会、**ヴォルムス**勅令の実施を延期
一五二七	四四	**「軍人もまた救われるか」** 夏、ルター重病に苦しむ 九月、ドルガウにて教会巡察条令できる	
一五二八	四五	**「十戒の講解」** 「ザクセン選帝侯国内の牧師に対する巡察指導への序言」	
一五二九	四六	**「小教理問答書」** 一〇月、マールブルクでの神学討論に参加（ツヴィングリ、メランヒトンなど）	四月一九日、シュパイエル国会にて福音主義の諸侯らが**「抗議」**する

一五三〇年	四七	三月、メランヒトンと協力して「トルガウ信条」作成 四月〜一〇月、コーブルク城に滞在 六月、父死ぬ 「愛するドイツ人への忠告」 「**詩篇一一七篇講解**」	六月、「アウグスブルク信仰告白」国会で読みあげられる 一一月、アウグスブルク国会、ヴォルムス勅令の更新とすべての教会改革の禁止を決議 一二月、福音主義者の間でシュマルカルデン同盟成立
一五三一	四八	六月、母死ぬ	一〇月、ツヴィングリ死ぬ
一五三二	四九	病気に苦しむ	ニュールンベルク休戦条約成立
一五三四	五一	聖書のドイツ語訳完成し、出版	
一五三五	五二	「**ガラテヤ人への手紙講義**」	ミュンスターで再洗礼派の暴動鎮圧される
一五三六	五三	一二月、「シュマルカルデン条項」作成	七月、エラスムス死ぬ カルヴァン「**キリスト教綱要**」出版
一五三七	五四	福音主義者の会議に出席するためにシュマルカルデンに行く	
一五三九	五六	ルター全集の第一版の序文を書く 一二月、ヘッセンのフィリップの重婚問題で世間の非	

一五四〇年	五七歳	難を受ける	九月、イグナティウス＝ロヨラのイエズス会が認可される
一五四一	五八	**「ハンス＝ヴォルストを駁す」**	
一五四二	五九	五月、「最後の創世記」講義を始める 九月、娘、マグダレーネ死ぬ	
一五四五	六二	「悪魔によってたてられたローマの教皇制に反対して」	
一五四六	六三	前年の一二月から一月七日まで、マンスフェルトに旅してマンスフェルト伯の紛争問題の解決にあたる 一月一七日、ヴィッテンベルクで説教 一月末、マンスフェルト伯の紛争解決のためアイスレーベンに行く 二月一四日、マンスフェルト伯の紛争解決 二月一八日、**ルター死ぬ**	シュマルカルデン戦争始まる
一五五五			**アウグスブルク宗教和議**
一五六四			カルヴァン死ぬ

参考文献

日本語に訳されているルターの著作

「ルター著作集　第一集　1」
(「贖宥の効力を明らかにするための討論」一五一七年他)
「ルター著作集　第一集　2」
(「善きわざについて」一五二〇年　「キリスト者の自由」一五二〇年　他)
「ルター著作集　第一集　5」
(「この世の権威について」一五二三年　他)
「ルター著作集　第一集　6」
(「農民の殺人・強盗団に抗して」一五二五年　他)
「ルター著作集　第一集　7」
(「奴隷的意志について」一五二五年　他)
以上　編集者　ルター著作集編集委員会、
委員長　岸　千　年　　発行所　聖文舎
ルター著「詩篇講解抄」　藤田孫太郎訳　新教出版社
ルター著「ローマ書講義」上・下巻
松尾喜代司訳　新教出版社
ルター著「教会のバビロン幽囚」　ルター選集Ⅳ
藤田孫太郎訳　新教出版社
ルター著「キリスト者の自由」「聖書への序言」
石原謙訳　岩波文庫
ルター著「大教理問答書」
福山四郎訳　聖文舎
ルター著「小教理問答書」　内海・宮坂共訳　聖文舎
ルター著「クリスマス-ブック」　ベイントン編
中村妙子訳　新教出版社
ルター自伝(『卓上語録』による)
藤田孫太郎訳　新教出版社
「祈りと慰めの言葉」
藤田孫太郎訳　新教出版社

伝記

「我ここに立つ」(マルチン・ルターの生涯)

ペイントン著　青山一浪・岸千年訳　聖文舎
「ルター」(生涯と思想)　ストロール著　波木居齋二訳　新教出版社
改革者「マルティン・ルター」　岸千年著　聖文舎
「目でみるルターの生涯」　クリーベルク、レンメ著、アルフス挿絵　森優訳　聖文舎

研究書

「宗教改革者・ルターとその周辺」　石原謙著　新教出版社
「ルターの根本思想とその限界」　高橋三郎著　山本書店
「ドイツ宗教改革―精神と歴史―」　渡辺茂著　聖文舎
「宗教改革と近代社会」　大塚久雄著　みすず書房
「愛における自由の問題―ルター『キリスト者の自由』を中心として」　北森嘉蔵著　東海大学出版会
「宗教改革小史」　半田元夫著　清水弘文堂書房
「宗教改革」　松田智雄著　至文堂
「ルター論」　ラウ著　渡辺茂訳　聖文舎
「ルター神学概論」　ピノマ著　石居正己訳　聖文舎
「ルターからキェルケゴールまで」　ペリカン著　高尾利数訳　聖文舎
「宗教改革史」　ペイントン著　出村彰訳　新教出版社
「ルネサンスと宗教改革」　トレルチ著　内田芳明訳　岩波文庫
「宗教と資本主義の興隆―歴史的研究―」上下巻　トーニー著　出口勇蔵・越智武臣訳　岩波文庫
「宗教改革の世界的影響」　リッター著　西村貞二訳　新教出版社
「エラスムス―宗教改革の時代―」　ホイジンガー著　宮崎信彦訳　筑摩書房
「社会と倫理」　小牧治著　有信堂

さくいん

【人名・地名】

【書　名】

【事　項】

— 完 —

K

ルター■人と思想９　　定価はスリップに表示

1970年４月10日　第１刷発行©
2015年９月10日　新装版第１刷発行©
2021年10月10日　新装版第２刷発行

・著　者………………小牧《こまき》　治《おさむ》／泉谷《いずみや》　周三郎《しゅうざぶろう》
・発行者　………………………………野村久一郎
・印刷所　………………………大日本印刷株式会社
・発行所　………………………株式会社　清水書院

〒102-0072　東京都千代田区飯田橋3-11-6
Tel・03(5213)7151〜7
振替口座・00130-3-5283
http://www.shimizushoin.co.jp

検印省略
落丁本・乱丁本は
おとりかえします。

CenturyBooks

Printed in Japan
ISBN978-4-389-42009-3

Century Books

清水書院の〝センチュリーブックス〟発刊のことば

近年の科学技術の発達は、まことに目覚ましいものがあります。月世界への旅行も、近い将来のこととして、夢ではなくなりました。しかし、一方、人間性は疎外され、文化も、商品化されようとしていることも、否定できません。

いま、人間性の回復をはかり、先人の遺した偉大な文化を継承して、高貴な精神の城を守り、明日への創造に資することは、今世紀に生きる私たちの、重大な責務であると信じます。

私たちがここに、「センチュリーブックス」を刊行いたしますのは、人間形成期にある学生・生徒の諸君、職場にある若い世代に精神の糧を提供し、この責任の一端を果たしたいためであります。

ここに読者諸氏の豊かな人間性を讃えつつご愛読を願います。

一九六六年

清水檮一

SHIMIZU SHOIN